Sigrid Berg · Kreative Bibelarbeit in Gruppen

Sigrid Berg

Kreative Bibelarbeit in Gruppen

16 Vorschläge

Kösel · Calwer

ISBN 3-466-36338-1 (Kösel)
ISBN 3-7668-3142-9 (Calwer)

Druck und Bindung: Kösel, Kempten
Umschlag: Elisabeth Petersen, Glonn

1 2 3 4 5 · 95 94 93 92 91

Inhalt

Einleitung

Praxisvorschläge

Einleitung

Grundsätze

»Die Bibel hat ja etwas mit meinen Erfahrungen, mit meinem Leben zu tun.«

»So neu und vielschichtig wie heute bin ich noch kaum einem Bibeltext begegnet. Eine ganze Palette von Erfahrungen, Fragen, persönlichen Zugängen hat sich im Gespräch und in der Arbeit eröffnet. Sonst galt mein erster Griff bei der Vorbereitung von Predigt oder Gemeindeabend dem Kommentar, der mir den Text auslegt. Jetzt merke ich erst, wie einseitig ich dadurch mit ihm umgegangen bin und über ihn nachgedacht habe, statt mit ihm ins Gespräch zu kommen.«

So äußerten sich eine Nichttheologin und ein Pfarrer, nachdem sie an einer Bibelarbeit in Gruppen teilgenommen hatten, wie sie in diesem Buch vorschlagen wird. Was wird an diesen Aussagen deutlich? Aus den Worten der Frau sprach zunächst ein ungeheures Erstaunen darüber, daß sie sich in ihren persönlichen Fragestellungen betroffen fühlte und den Text mit ihrem Leben in Zusammenhang bringen konnte. Das war für sie neu und ungewohnt. Der Theologe stellte fest, daß er durch sein Vorwissen und durch die gewohnte exegetische Arbeit ganz einseitig mit den biblischen Texten umging, vieles dadurch bereits an sie herantrug und häufig nicht mehr offen war für eine neue Begegnung. Beide Voten weisen auf *Defizite in der normalerweise erlebten Bibelarbeit* hin. Diese ist weitgehend geprägt von der Konzentration auf den Fachmann (bzw. die Fachliteratur), der aufgrund seines theologischen Wissens dazu ausersehen scheint, die biblischen Texte auszulegen, die in ihnen enthaltenen Existenzwahrheiten freizulegen und sie den sogenannten Laien zu vermitteln. Dabei ist der Bibeltext das Objekt, das er untersucht, analysiert, behandelt und letztlich unterwirft. Dann geschieht es leicht, daß die sogenannte »Wahrheit des Textes« gleichsam auf Flaschen gezogen und in einer wirklichkeitsfremden, allgemeinen und abstrakten Form mitgeteilt wird, die wenig mit den eigenen Erfahrungen und dem Alltag zu tun hat.

Die neuen Ansätze, an denen sich dieses Buch orientiert – auch *Interaktionale Bibelarbeit* genannt –, wollen sich *erfahrungsbezogen* mit der Bibel auseinandersetzen. Sie gehen davon aus, daß in die Texte selber Erfahrungen eingegangen und in ihnen verschlossen sind, die auf unsere Erfahrungen treffen, unabhängig davon, ob

ich mich den einzelnen Inhalten ablehnend oder zustimmend nähere. Der Bibeltext wird damit ein Gegenüber, ein Du, mit dem ich ins Gespräch kommen will. Es geht also nicht vorrangig um die richtige Auslegung und Belehrung über den Text, sondern um eine Begegnung mit ihm. Seine Existenzwahrheiten sollen sich für mich konkret entfalten und erfahrbar werden. Das soll keineswegs heißen, daß man auf die Fachkompetenz der Theologin/des Theologen verzichten könnte, aber bei der erfahrungsbezogenen Auslegung der Texte und bei der Transformation ihrer Wahrheit in die Gegenwart steht der »Laie« gleichberechtigt neben ihr/ihm.
In der bisherigen Einleitung und auch im weiteren Buch wird immer von Text/Bibeltext/biblischer Überlieferung gesprochen. Vielleicht wird der eine oder die andere sich über diese Formulierung wundern und statt dessen »Wort Gottes« erwarten. Ich denke jedoch, daß man dies nicht automatisch gleichsetzen kann. *Gottes Wort* ist nicht die Bibel an sich, sondern in und mit dem *Bibelwort* kann Gottes Wort mich als Zusage oder Anspruch treffen. Eben diese Hoffnung läßt uns immer wieder die intensive Beschäftigung mit dem Bibeltext suchen.
Zu einer Begegnung gehört es, daß man offen und ohne Vorbehalte aufeinander zugeht. So darf diese Begegnung auch nicht von einer Scheu vor dem »Heiligen Buch« geprägt sein, dem gegenüber man unfrei ist in seinen Äußerungen. Nein, ohne Bedenken sollen Vorbehalte, Kritik, Fragen, Zustimmung oder Abwehr, die aus der *Konfrontation mit* den *Alltagserfahrungen* aufbrechen, zum Ausdruck kommen. Und diese Alltagserfahrungen müssen ganz konkret Sprache finden, nicht nur in allgemeinen Begriffen wie Angst, Sorge usw. Vor allem ist es dabei wichtig, nicht vorschnell mit theologischen, religiösen oder dogmatischen Wörtern und Begriffen zu hantieren oder zu etikettieren. Man muß bereit sein, Fragen zu stellen und Kritik zu äußern und sie auch im Raum stehenzulassen. Nur so ist es möglich, Betroffenheit auszulösen und offen zu werden für neue Anregungen und Erfahrungen.

Für das hier vorgeschlagene Konzept der Bibelarbeit ist jedoch nicht nur der Dialog mit dem Text von entscheidender Bedeutung, sondern auch das *Gespräch in der Gruppe*. Es ist kaum möglich, diesen erfahrungsbezogenen Dialog mit dem Bibeltext als einzelne/r zu führen. Das Gruppengeschehen ist ein unverzichtbarer Bestandteil: Arbeit in Kleingruppen, Austausch über Erfahrungen, Aufeinanderhören, Diskussion und Gespräch in Gruppe und Plenum. Die obengenannte Offenheit gegenüber dem Text gilt ebenso im Blick auf die Gruppe. Wenn man in dieser Art gemeinsam Bibelarbeit machen will, setzt das ein gewisses Maß an Vertrauen voraus und die Bereitschaft, sich dem Text und der Gruppe zu öffnen. Das hat eine doppelte Stoßrichtung: Zum einen gehört dazu, daß ich den Mut habe und auch das Recht, eigene Erwartungen und Bedürfnisse zu äußern, zu klären und Gefühle zu bekennen. Zum anderen muß ich jedem Gruppenmitglied in einer achtungsvollen

Einstellung gegenübertreten, seine Gefühle und sein Befinden gelten lassen. Nur wenn man sich gegenseitig in seiner Eigenart akzeptiert, kann eine vertrauensvolle Gruppenarbeit entstehen und jeder sich beteiligen, ohne daß allerdings die Verpflichtung zur Äußerung besteht.

Im Mittelpunkt steht jedoch nicht das Gruppengeschehen, sondern die *gemeinsame Suche nach der Wahrheit* ist grundlegend. Ein solches Verständnis erfordert, daß wir den Anspruch aufgeben, eine »richtige« Auslegung eines Bibeltextes erarbeiten zu können, die alle anderen als falsch ausschließt. Grundsätzlich gilt: Die Wahrheit läßt sich nicht durch Definition herstellen oder deklarieren. Der Bibeltext ist ja Gesprächspartner, der seine Wahrheiten *im Prozeß* freisetzt. Das bedeutet dann sowohl den Verzicht, den anderen im Gespräch die eigene Auslegung aufzwingen zu wollen, als auch die Offenheit für Wahrheiten, die nicht unseren eigenen Vorstellungen entsprechen. Man muß wohl noch einen Schritt weitergehen. Schon die Fragestellung nach der vermeintlich einen Antwort zur Zentralaussage des Textes verstellt den Weg zur Entdeckung anderer Botschaften oder Fragen, die in ihm enthalten sind. Biblische Texte leben auf verschiedenen Ebenen und können in verschiedenen Situationen ganz Unterschiedliches aufleuchten lassen. Es geht darum, ihre Vielschichtigkeit wieder zu entdecken und vielleicht einmal nur einen Teilaspekt daraus, der mich in meiner augenblicklichen Situation trifft, aufzunehmen, zu mir sprechen zu lassen und ihn mit eigenen Erfahrungen zu verknüpfen.

Zur Erläuterung dieses Verständnisses von Texten wird oft auf die Verwandtschaft mit dem Wort »Textil« hingewiesen. Wie im Textil verschiedene Fäden ineinander verwoben sind und sich unterschiedliche Muster ergeben und entdekken lassen, so sind auch in Texten vielseitige Erfahrungen und Einsichten zusammengestellt, die von unterschiedlichen Zugängen her abgerufen und freigesetzt werden können.

Natürlich entsteht jetzt sofort die Frage: Ist der Bibeltext damit nicht der Willkür ausgeliefert? Besteht bei diesem Zugang nicht die Gefahr, daß ich nur meine eigenen Wünsche in ihn hineinprojiziere, daß ich ihn mir paßlich und hantierbar mache? Kann er überhaupt noch seine eigene Welt, die meinen Erfahrungen gegenübersteht, zur Sprache bringen? Diese Frage ist berechtigt. Ziel der Auslegung ist es ja, die im Text verschlossenen Erfahrungen zu erkennen und so freizulegen, daß sie heute heilend, befreiend und erneuernd wirken. Damit das gelingt, muß der Text vor *Projektionen* und *vorschneller Subjektivität* geschützt werden; er muß auf Distanz gebracht werden, um seine Eigenständigkeit zu schützen. Wir müssen versuchen, seine Eigenwelt zu entdecken, unabhängig von unseren Erwartungen und Gefühlen. Dabei kommt es darauf an, die Aussage des Textes als Gegen-Erfahrung zu unseren Erfahrungen, seine Bilder vom gelungenen Menschsein und Christsein als befreiende Gegen-Welten zu unserer Welt zu erkennen. Wenn der

Text uns nicht auch als fremd, erstaunlich, neu und ungewohnt begegnet, wir gleichsam mit Gegen-Erfahrungen konfrontiert werden, kann er uns nicht als befreiende Zusage oder auch als Infragestellung eigener Denk- und Verhaltensmuster gegenübertreten.

Zu den bisher genannten Grundsätzen, Erfahrungsbezug und Gruppengeschehen, die der hier vorgestellten Bibelarbeit zugrunde liegen, tritt als drittes Element die *ganzheitliche Auseinandersetzung* mit der biblischen Überlieferung. Die Vertreter dieses Konzepts berufen sich bei der Forderung nach ganzheitlicher Aneignung auf Untersuchungen der Hirnphysiologie. In diesen wurde festgestellt, daß unsere beiden Hirnhälften (Hemisphären) für unterschiedliche Teile unseres Selbst zuständig sind. Der linken Hemisphäre werden logisches Denken, Sprache, Grammatik, Mathematik usw., also die stärker kognitiven Fähigkeiten zugeordnet, der rechten dagegen Phantasie, Intuition, Meditation, Farben, Formen, kreative und manuelle Fähigkeiten. Häufig wird in der Erziehung oder auch in der allgemeinen Beurteilung die Leistung einer Hirnhälfte höher bewertet und ausgebildet. Das führt jedoch zu innerer Gespaltenheit oder Unausgewogenheit, die überwunden werden sollten.
Für die Beschäftigung mit biblischer Überlieferung bedeuten diese Untersuchungen, daß eine rein kognitive Auseinandersetzung mit ihr den Menschen nur partiell ansprechen kann, aber selten zu einer existenzbezogenen Begegnung führt, da sie ja nur zu einem Teil seines Selbst vordringt. Jede Beschäftigung mit einem Bibeltext zielt jedoch auf Veränderung. Zur Veränderung, zur »Inkarnation« des Textes in unser Leben, kann es aber nur kommen, wenn *alle seelischen Kräfte aktiviert*, wenn Gefühl und Phantasie, Körper und Kreativität in die Auslegung einbezogen werden. Frau Moltmann-Wendel hat einmal in ähnlichem Zusammenhang davon gesprochen, daß das, was sinnenlos ist, in der Gefahr ist, auch sinnlos zu werden (Das Land, so Milch und Honig fließt, GTB 486, S.163).

Die hier beschriebene Form der Bibelarbeit wird oft als neuer Weg des »Laien« zur Bibel hingestellt. Aber gerade Bibelleser, die professionell mit der Überlieferung umgehen wie Exegeten, Pfarrer, Lehrer können von ihr profitieren. Diese Art der Auslegung läßt den gewohnten Umgang mit dem Text als »Gegenstand« nicht mehr zu, sondern stellt ihn als Gegenüber vor, das unbequeme Fragen aufwirft, Ausweichen in gewohnte Denkmuster versperrt und alle Sinne anspricht. So kann sie den »Anfängergeist« wecken, den das ZEN als wichtigste Voraussetzung für das Verstehen nennt, so kann sie auch neu öffnen für die Anrede Gottes an uns.

Zum Verfahren

Bei den Vertretern, die in ähnlicher Weise Beschäftigung mit dem Bibeltext vorschlagen, gibt es unterschiedliche Wege zur Auseinandersetzung. Den meisten Verfahren liegt ein Dreischritt zugrunde, wobei allerdings Reihenfolge und Akzentuierung der Phasen differieren. Sie alle beruhen aber auf den oben dargestellten Grundsätzen von Erfahrungsbezug, Einbeziehung des Gruppengeschehens und ganzheitlicher Begegnung. Hinzu kommt ein formales Prinzip: Man spricht von der *Verzögerung des Aneignungsweges*. Alle Arbeitsschritte und Methoden möchten dabei helfen, den Text nicht wie etwas allzu Bekanntes zu »überfliegen«, einzuordnen und abzuhaken, sondern sich Zeit zu lassen, ihn in all seinen Einzelzügen neu zu entdecken. Im Bild gesprochen: er soll im Zeitlupentempo, mit Positionswechsel und unterschiedlichen Aufnahmetechniken oder -geräten untersucht und bedacht werden. Historische Fragestellungen, Textanalyse, Einfühlübungen, kreative Zugänge, Gestaltungen, Meditation, all diese Übungen dienen dazu, die Worte in Ruhe aufzunehmen, zu bedenken und mit den eigenen religiösen Erfahrungen zu verbinden.
Der Ansatz dieses Buches geht von den gleichen Prinzipien aus und verläuft ebenfalls in drei Schritten oder Phasen: Der Zugang zum Text wird zunächst über eine spontane Annäherung gesucht, sodann erfolgt der Versuch einer distanzierten Auseinandersetzung, schließlich eine Phase kreativer, ganzheitlicher Aneignung. Man kann das zugrundeliegende Prinzip kurz auf die Formel bringen: Nähe – Distanz – Nähe.

I. Phase – Spontaner Zugang

Wie die Formulierung verdeutlicht, geht es hier um eine möglichst spontane Annäherung der Teilnehmer an den Text, um erste Kontaktaufnahme zu ihm. Wir wollen versuchen, ihn zu hören wie etwas Unbekanntes, wollen ihn oder einzelne seiner Züge neu entdecken und bedenken, ohne ihn im einzelnen zu erarbeiten.

Dabei ist es wichtig, ihn mit den Alltagserfahrungen in Verbindung zu bringen und in die obengenannte rückhaltlose Auseinandersetzung einzutreten, in der *Kritik, Zustimmung* oder *Vorbehalte* ohne Scheu ausgesprochen werden.
Unter gruppendynamischem Aspekt ist es nötig, daß der einzelne ermutigt wird, »Ich« zu sagen und zu sein; denn erst dann wird er fähig, seine Gefühle und Erfahrungen »vor dem Text« zur Sprache zu bringen und sie im Gespräch zu klären, zu erweitern, zu vertiefen, aber auch zu relativieren. Und damit beginnt die Interaktion in der Gruppe, der in jeder Phase entscheidende Bedeutung zukommt. Das *Ich-Sagen* sollte hier auch ganz wörtlich genommen werden. Im Gespräch sollte jeder versuchen, das »Wir« oder »Man« oder das Wiedergeben der Meinung anderer zu vermeiden und statt dessen von sich zu sprechen. Das ist sicher nicht immer leicht, denn die Versuchung ist groß, sich ein wenig in der Anonymität zu verstecken. Es sollten außerdem auch in dieser Annäherungsphase schon ganzheitliche Zugänge gesucht werden und nicht nur in der dritten Phase, in der diese Art der Aneignung im Mittelpunkt steht. Die für diese I. Phase vorgeschlagenen Methoden (s.u.S.18-22) versuchen, bei den genannten Aufgaben Hilfestellung zu leisten. So dienen eine Reihe von ihnen der Intensivierung des Hörens; andere wollen zur Verknüpfung mit eigenen Gefühlen und Erfahrungen anregen und sie bewußtmachen (Was höre ich? Was fühle ich? Was assoziiere ich?); wieder andere regen zu Meditation und Selbsterkenntnis an, oder sie wollen zum Äußern von Fragen, Kritik, Zustimmung oder Vorbehalten herausfordern. Ganzheitliche Zugänge ergeben sich über Körpersprache, Pantomime, Bildbetrachtung usw.
In der Phase der spontanen Annäherung kann der Text als ganzer im Mittelpunkt stehen, man kann sich aber auch auf einen Aspekt des Textes beschränken, um sich ihm intensiver zu nähern und ihn zu bedenken. Es geht hier jedoch nie um gründliche Bearbeitung oder Erklärung, sondern um Eröffnung des Gesprächs mit dem Text und um die Verknüpfung mit den eigenen Erfahrungen.

II. Phase – Erarbeitung

Auf die möglichst unmittelbare, erfahrungsbezogene Kontaktaufnahme mit dem Text folgt nun eine Phase der *Distanzierung.* Mit Hilfe kritischer Exegese soll er – wie oben bereits erläutert – vor allzu schneller Subjektivität und Projektion geschützt werden und seine Eigenwelt zur Sprache bringen können.
Es geht in diesem Schritt um eine genaue Nachfrage nach der Entstehungsgeschichte des Textes, nach seinen ursprünglichen Intentionen, nach seiner Struktur, d.h. um *Textanalyse.* Hinzu kommen innerbiblische Textvergleiche und -gegenüberstellungen usw. Für die Phase der Erarbeitung und Textanalyse eignen sich

vor allem Methoden der historisch- kritischen sowie der linguistischen Auslegung. Das heißt jedoch nicht, daß jetzt der Fachmann oder die Fachfrau gleichsam die Arbeit übernimmt und die als notwendig erachtete Exegese vorträgt. Dieses Verfahren soll der Gruppe durch gezielte Beobachtungshinweise, Arbeitsaufgaben, Fragenkataloge und Zusatzinformationen vielmehr ermöglichen, sich selbständig mit dem Text auseinanderzusetzen. Zu diesen mehr kognitiven Methoden der II. Phase tritt unter ganzheitlichem Aspekt die Aufgabe, sich durch *Einfühlung in die Erfahrungswelt des Textes* weitere Zugänge zu ihm zu eröffnen (s.u.S.23-25).
Da die Textarbeit in der Gruppe bzw. in Kleingruppen stattfindet, ist es selbstverständlich, daß das Gespräch auch hier eine entscheidende Rolle spielt. In der herkömmlichen Bibelarbeit ist es fast selbstverständlich, daß die Phase der Erarbeitung den Anfang der Auseinandersetzung mit einem Text bildet oder daß sie sich sogar auf sie beschränkt. (Es gibt auch Vertreter dieses Konzepts, die mit ihr beginnen.) Dieses Vorgehen birgt jedoch die Gefahr in sich, daß die eher objektivierende, auf feststellbare Ergebnisse ausgerichtete historisch-kritische Arbeit so bestimmend wirkt, daß sie die in der I. Phase geplanten spontanen, erfahrungsbezogenen Annäherungsmöglichkeiten an den Text überdeckt und sich die weitere Beschäftigung mit dem Bibeltext auf rein kognitiver Ebene fortsetzt.

III. Phase – Gestaltwerdung/Verinnerlichung

Die III. Phase versucht wieder den Schritt aus der Distanz in die Nähe. Es kommt darauf an, erarbeitete neue Erkenntnisse und Erfahrungen, die der Text freisetzt – wir sprachen von »Gegenwelten« –, auf die eigene Existenz zu beziehen und in ihr Gestalt werden zu lassen. Die Überschrift dieser Phase weist schon auf die Art der Beschäftigung mit dem Text hin: es geht um Versuche ganzheitlicher Aneignung. So überwiegen *kreative Verfahren.* Sie sind nicht methodische Spielereien, sondern möchten bewirken, daß uns der Text nicht nur auf kognitiver Ebene anspricht, sondern alle seelischen Kräfte wie Phantasie, Intuition, kreative und manuelle Fähigkeiten aktiviert.
Einsichten ergeben sich aus dem *Zusammenwirken von Denken und Fühlen.* Häufig bahnen sie sich in der Arbeit an als diffuse Gefühlsregungen, die wir noch nicht artikulieren können, die unserem vernünftigen Denken zuwiderlaufen oder die auf ungewohnte Wege zu führen scheinen. Der Sinn der III. Phase besteht darin, diesen Einsichten den Weg zu ebnen, die erahnten Gefühle und Einsichten vielleicht ein Stück weit zu objektivieren, indem wir versuchen, ihnen Gestalt zu geben, sie sichtbar und greifbar zu machen, damit sie Gewicht für unser Leben gewinnen.

Oft ist eine große Scheu vorhanden, sich auf die kreativen Methoden einzulassen. Zum einen hängt das wohl damit zusammen, daß die Texte einem damit im wahrsten Sinne des Wortes »auf den Leib« rücken und ganzheitlich bewegen wollen. Zum anderen sind wir überhaupt kaum gewohnt, unsere kreativen Fähigkeiten zu aktivieren, höchstens im Sinne eines persönlichen Hobbys. Selten jedoch sind sie in irgendeiner Weise mit dem Alltag verbunden oder mit der Beschäftigung mit einem Bibeltext. Aus eigener Erfahrung weiß ich, wie verkopft wir sind, vor allem auch, wenn es um Fragen des Glaubens geht. Wieviel leichter fällt es z.B., über die Bedeutung von Vertrauen zu diskutieren, als ein Vertrauenssymbol zu tonen. Aber gerade dazu sollten wir in dieser Phase Mut gewinnen und die Hemmungen überwinden. Dabei ist es wichtig, immer wieder zu betonen, daß die Teilnehmer sich nicht auf möglichst eindrucksvolle Ergebnisse der kreativen Arbeit konzentrieren oder künstlerischen Ehrgeiz entwickeln sollen. Das Interesse gilt vor allem dem Prozeß. Wir drücken mit Farben, Formen, Materialien, mit Musik, Tanz, Spiel oder Wort Gefühle und Erfahrungen aus, die im Dialog mit dem Text entstanden sind. Und bei diesem Tun können sie Gestalt gewinnen, oder es können auch neue Erfahrungen und Einsichten entstehen.
Im Gespräch, das auch in dieser Phase einen wichtigen Bestandteil der Arbeit darstellt, geht es nicht um eine Dikussion über die Ergebnisse und schon gar nicht um ihre Beurteilung. Es ist jedem freigestellt, sich dazu zu äußern. Wichtig ist jedoch der Austausch über die Erfahrungen, die man bei dieser Arbeit gemacht hat, und über die Möglichkeiten, diese in den Alltag zu integrieren.

Abschließend zum Verfahren ist noch auf ein Mißverständnis hinzuweisen: Die Beschreibung der drei Phasen darf nicht so verstanden werden, als ginge es zunächst darum, erfahrungsbezogene Zugänge zu finden und von ihnen her Fragen an den Text zu formulieren, sich sodann exegetisch richtige Antworten zu holen und diese schließlich zu verinnerlichen. Das ist keinesfalls intendiert, widerspricht sogar der Idee. Die Phasen – und ihre Inhalte – müssen überhaupt nicht direkt oder in allen Teilen aufeinander bezogen sein. Es geht eben nicht darum, eine Wahrheit (Skopus) aus dem Text herauszulesen, sondern seine *Vielschichtigkeit* zu entdekken und vielleicht einen Impuls, der für mich jetzt wichtig ist, mit eigenen Erfahrungen zu verknüpfen und Gestalt werden zu lassen. Das kann für jeden ein anderer sein oder auch für mich in verschiedenen Situationen. So werden wir mit einem Text niemals fertig, und es kann sich der Dialog mit ihm immer wieder neu entwickeln.

Methoden

Dieses Kapitel stellt eine Vielzahl von Methoden dar, die sich für die vorgeschlagene Bibelarbeit in Gruppen eignen. Sie sind den drei Phasen zugeordnet, so daß man sich relativ einfach einen Überblick verschaffen kann. Es geht dabei nicht um die Vorstellung eines Instrumentariums völlig neuer Methoden. Das Neue an diesem Ansatz liegt nicht so sehr in der Erfindung bisher unbekannter Methoden, sondern in dieser Art der Bibelarbeit greifen wir auf Verfahren aus den verschiedensten hermeneutischen Ansätzen zurück. Entscheidend sind ihre Auswahl und vor allem ihre Zuordnung und Anwendung.

Die genannten Methoden sind somit dem einen oder der anderen sicher vertraut; sie lassen sich auch einzeln in anderen Zusammenhängen gut einsetzen. Die Ausführungen möchten sie noch einmal erläutern und vor allem darauf hinweisen, welche am besten helfen können, den in der jeweiligen Phase angestrebten Zugang zum Text zu eröffnen. Die Aufzählung der Methoden zu den Phasen nennt alternative Möglichkeiten, keine Abfolge. Welche von ihnen man im Zusammenhang mit einem bestimmten Text einsetzen möchte, bleibt der Entscheidung der/des Leiterin/s vorbehalten. Einige sind ganz oder fast unverzichtbar (z.B. Hören auf den Text, Fragenkatalog), die meisten sind austauschbar. Im allgemeinen werden pro Phase zwei bis drei Methoden eingeplant, diese können nacheinander oder auch alternativ vorgeschlagen werden. Alternativ kann die Entscheidung der ganzen Gruppe für eine Methode heißen, es kann aber auch bedeuten, daß gruppenteilig mit verschiedenen Methoden gearbeitet wird. Auch wenn alle die gleiche Aufgabe wählen, sollten Kleingruppen gebildet werden, damit eine gute Gesprächsatmosphäre gewährleistet ist. Wichtig ist dann allerdings der anschließende Austausch im Plenum.

I. Phase – Spontaner Zugang

Rendezvous (mit dem Text)

Die Idee zum Rendezvous stammt aus der Gestalttherapie. Wenn es in der Begegnung mit dem Text – wie bereits dargelegt – um einen Dialog gehen soll, dann ist es zum einen nötig, den Text in neuer Weise als Gegenüber und nicht als Objekt zu erfahren, zum anderen muß der Teilnehmer sich selbst als Person in dieser Gegenüberstellung bewußtwerden, um sich auf den Text einlassen zu können. Man plant dazu eine Phase der Meditation (Rendezvous) ein, bei der man sich an folgenden Fragen orientieren kann (sie werden vorher genannt oder noch besser auf ein Poster geschrieben):
Was fühle ich jetzt? Was erwarte ich vom Text? Wie ist mein eigener Standort dem Text gegenüber? Was will ich? Wem weiche ich aus?
Das Rendezvous kann man ganz an den Anfang setzen oder nach dem ersten Hören des Textes einfügen.

Hören auf den Text

Zum Einstieg wird der Text laut von einer/m einzelnen, abwechselnd versweise oder – falls er sich dazu eignet – mit verteilten Rollen gelesen. Das klingt sehr selbstverständlich. Aber viele Texte sind so vertraut, daß man oft gar nicht mehr richtig hinhört. Das laute Lesen will die gesamte Aufmerksamkeit auf den Text lenken und dazu helfen, ihn wie etwas Neues aufzunehmen und nicht sofort wie etwas allzu Bekanntes abzuhaken.

Vertiefendes Hören

Das vertiefende Hören möchte ebenfalls dazu helfen, besser aufzumerken und den Worten intensiver nachzulauschen. Es läßt sich auf unterschiedliche Weise versuchen. Ein paar Vorschläge:
1) *Fremde Übersetzung:* Der Text wird in einer sehr fremden und ungewohnten Übersetzung noch einmal vorgelesen.
2) *Kreisen um den Text:* Die Teilnehmer lesen den Text abschnittweise noch einmal, jeder so viel er möchte. Während man ihm anschließend nachsinnt, kann, wer will, einzelne Worte oder Sätze, die ihm wichtig sind, noch einmal wiederholen.
3) *Musikalische Gestaltung:* Bei manchen Texten gibt es musikalische Bearbeitungen, die vorgespielt werden können und dadurch eine mehrschichtige Begegnung mit dem Text ermöglichen.

4) Manchmal eignet sich auch eine *verfremdende Nachgestaltung* des Textes, um die Aufmerksamkeit ganz neu zu wecken und das Hören zu intensivieren.

Dialog mit dem Text

Bei diesem Dialog geht es um die Auseinandersetzung des einzelnen mit dem Text. Die Teilnehmer stellen sich den Text wie einen Partner vor, dem gegenüber sie ihre Gefühle, ihre Fragen, Zweifel, Hoffnungen usw. äußern. Dieser Dialog wird schriftlich geführt. Als Hilfestellung für den Anfang können z.B. folgende alternativen Vorschläge gemacht werden:
Ich kann dir nicht zustimmen, weil... Du ärgerst mich, weil... Du tust mir gut... Ich komme mit dir nicht zurecht... Du bist mir zu optimistisch... Ich könnte besser mit dir umgehen, wenn...
Die Dialoge selbst werden im allgemeinen im Plenum nicht vorgelesen. Wichtig ist jedoch der Austausch über die Erfahrungen, die beim Schreiben gemacht wurden.

Lebensgeschichtliche Ortung

Wie der Name andeutet, handelt es sich hierbei um den Versuch, den Text mit der eigenen Lebensgeschichte und den darin gemachten Erfahrungen in Verbindung zu bringen. Folgende Leitfragen können die Meditation, die jeder für sich führt, unterstützen:
In welcher Lebenssituation war der Text für mich wichtig? Wann hätte er wichtig werden können? Wann hätte ich ihn vielleicht gebraucht?

Assoziationen

Bei den Assoziationen geht es um das Sammeln spontaner Einfälle. Der Sinn dieser Methode liegt darin, eigene Vorstellungen und Erfahrungen zu aktivieren, sie durch die Interaktion in der Gruppe anzureichern, die Teilnehmer in die Situation des Textes hineinzuziehen und das Thema möglichst zum eigenen zu machen. Es gibt dafür zwei unterschiedliche Möglichkeiten:
1) *Freie Assoziationen:* Die Teilnehmer sammeln zum Text als ganzem ihre Einfälle. Dabei geht es darum, sehr allgemein zu fragen: Was fällt Ihnen zu diesem Text ein? Woran denken Sie? An welche Menschen, Situationen, Erfahrungen?
2) *Gelenkte Assoziationen:* Sie setzen bei ganz bestimmten Begriffen oder Fragen ein, die im Text enthalten sind oder sich aus ihm ergeben. Zu ihnen sollen die Teilnehmer Einfälle und Stellungnahmen sammeln.

Sonderform für Assoziationen: Visualisierung (Collage)

Die gelenkten Assoziationen lassen sich oft auch visualisieren. Dabei werden die assoziierten Einfälle nicht ausgesprochen, sondern in Form einer Collage dargestellt. Gestaltungen jeglicher Art sind sonst vor allem im der III. Phase der Beschäftigung mit dem Bibeltext vorgesehen (vgl. S. 30). Hier wird die Collage als Einstieg in die Auseinandersetzung benutzt. Zum entscheidenden Begriff des Textes werden vorab Bilder und Fotos aus Zeitungen und Illustrierten usw. ausgewählt und zusammengestellt und eventuell durch Worte ergänzt oder hinterfragt. Die Auseinandersetzung mit dem Thema bleibt damit nicht auf der rein kognitiven Ebene, sondern wird stärker ganzheitlich erfahren. Die so entstandenen Collagen bilden gleichsam den positiven oder negativen Hintergrund zum Bibeltext.

Interaktionales Schreiben

Das Interaktionale Schreiben wird in Kleingruppen durchgeführt (höchstens 5-7 Personen). Jeder Teilnehmer schreibt spontan einen Einfall, eine Frage oder Stellungnahme zum Text auf. Die Zettel wandern weiter, der nächste äußert sich zur Aussage des ersten und so fort. Die Zettel machen so ein- bis zweimal die Runde. Auf jedem entfaltet sich dabei gleichsam ein Gespräch zur Ausgangsfrage bzw. -aussage. Diese Methode hat mehrere Vorteile gegenüber Brainstorming, Gespräch oder Diskussion:

1. Es entsteht gleichzeitig eine Vielzahl von Voten und Gesprächen zu ganz unterschiedlichen Textaussagen.
2. Alle Aspekte werden weitergeführt, während ein normales Gespräch sehr häufig zur Engführung verleitet.
3. Der Kommunikationsfluß verlangsamt sich und gewinnt dadurch an Intensität. Gleichzeitig wird man immer wieder zum Schauen in den Text angeleitet.

Für das Interaktionale Schreiben bieten sich unterschiedliche Auswertungsmöglichkeiten im Plenum an: Vorlesen, Darstellung in einer Wandzeitung, Auswahl eines der entstandenen Themen durch die Gruppe für die gemeinsame Weiterführung.

Einfühlübung

Eine Einfühlübung möchte in dieser Phase – ähnlich wie eine Pantomime – die Teilnehmer ganzheitlich in den Text einbeziehen. Es geht darum, bis in die Körpersprache hinein bestimmte Gefühle, Erfahrungen, Krankheitssymbole einer Textperson nachzuempfinden. Gleichzeitig kann bei solchen Übungen etwas über den Einfluß solcher Zusammenhänge auf das soziale Umfeld erspürt werden. Allerdings geht es nicht nur um die Gefühle und sozialen Beziehungen einer Person in der Erzählung. Durch die Einfühlübung sollen gleichzeitig eigene ähnliche Erfahrungen bewußtgemacht und durch sie betroffene Beziehungen bedacht werden. Deshalb ist im Anschluß an eine solche Übung das Gespräch der Teilnehmer über ihre Empfindungen wichtig. Neben der vorgeschlagenen körpersprachlichen Einfühlübung gibt es auch die Möglichkeit einer sprachlichen Gestaltung. Die Teilnehmer werden aufgefordert, sich in die Rolle einer bestimmten Person, z.B. eines Gelähmten, zu versetzen und aus deren Sicht etwa einen Tagesablauf zu schildern.

Stufentechnik

Die Stufentechnik ist eine Methode, die ursprünglich in Göttingen in der psychoanalytischen Ausbildung entwickelt wurde. W.-V. Lindner (Kreative Gruppenarbeit nach der Göttinger Stufentechnik, in: werkstatt predigt. Eine homiletische Korrespondenz, Nr.10, 1974 S. 2-14) hat sie auf die Arbeit mit Texten übertragen. Hauptziel der Methode ist es, den Verstehensprozeß durch Zerlegung in verschiedene Bearbeitungsstufen zu verlangsamen, dadurch zu intensivieren und zu verbreitern. Vier Stufen des schrittweisen Verstehens werden vorgeschlagen: die bewußte Wahrnehmung, das Empfinden und Äußern von Gefühlen, das Sammeln von Einfällen und die Schlußfolgerungen. In jeder Stufe werden die Assoziationen an einer Tafel oder auf einer Wandzeitung festgehalten.

1) *Wahrnehmen:* In der ersten Stufe geht es darum, zu sammeln, was die einzelnen beim Hören bewußt aufgenommen haben. Dabei sollen nur wirkliche Wahrnehmungen genannt werden, keine Gefühle oder Schlüsse. Was hat sich mir besonders eingeprägt? Was habe ich gehört? Was ist mir aufgefallen?

2) *Gefühle äußern:* Nach den Gefühlen, die der Text abgerufen hat, fragen wir sodann in der 2. Stufe: Was (oder wie) habe ich (mich) beim Hören gefühlt? Das müssen keine klaren und eindeutigen Aussagen sein. Gerade Gefühle sind oft diffus und widersprüchlich, sollten aber trotzdem ausgesprochen werden. Es geht ja gerade darum, das, was wir beim Hören ganz spontan empfunden haben, zu benennen, ohne daß wir uns rational mit dem Text auseinandersetzen.

3) *Einfälle sammeln:* Gefühle sind meist mit Erfahrungen und Einfällen verknüpft. Die 3. Stufe fragt deshalb danach, was den einzelnen im Zusammenhang mit dem Text an Assoziationen eingefallen ist. Das können sehr unterschiedliche Dinge sein: eigene Erlebnisse und Erfahrungen, andere Texte, Lieder, Bilder, Gedankenblitze usw. Der Bibeltext wird dadurch mit den Erfahrungen der Teilnehmer angereichert.

4) *Schlußfolgerungen:* Diese letzte Stufe erfordert relativ viel Zeit. Aufgrund der gesammelten Äußerungen soll jeder Teilnehmer versuchen, zu einer Schlußfolgerung zu kommen. Das heißt nicht, daß er ein allgemeingültiges Urteil fällen soll oder will, sondern es geht darum, im Gegenüber zu den vielfältigen Äußerungen Stellung zu beziehen. Diese kann zustimmend, ablehnend, ergänzend oder korrigierend sein; eine Vielzahl unterschiedlicher Schlußfolgerungen ist möglich.

Titelspiel

Das »Titelspiel« gehört zu den sogenannten Aktionsspielen. Ihm liegt der Gedanke zugrunde, daß es in Zeitungsredaktionen häufig um die treffende Formulierung von Artikelüberschriften geht. Dabei setzt jede Überschrift einen anderen Akzent, spannt die Erwartung in eine bestimmte Richtung. Unterschiedliche Überschriften zur gleichen Geschichte können also zu disparaten Sichtweisen führen, zumindest Denkanstöße geben. Für das Titelspiel formuliert die/der Leiter/Leiterin eine Anzahl unterschiedlicher Überschriften zu dem biblischen Text. Sie sollten möglichst gegensätzlich sein: unbefriedigend, Teilaspekte betonend, verzerrend oder auch treffend. In Kleingruppen (4-5 Personen) beginnen die Teilnehmer, die Überschriften zu diskutieren und sie zu zensieren. Dabei gerät man oft unversehens in eine erste spontane Auseinandersetzung mit dem Text, und gerade das ist beabsichtigt. Anschließend stellt jede Gruppe ihren bevorzugten Titel vor und begründet ihre Wahl. – Alternative: Freie Titelsuche.

Metapher-Meditation

Die Teilnehmer erhalten die Aufgabe, bestimmten Begriffen oder Gedanken des Textes möglichst viele Bilder zuzuordnen. Beispiele: Kindsein ist wie… Sorgen ist wie… Gottes Hilfe ist wie….

Bildbetrachtung/-meditation

Da die Bildbetrachtung vorwiegend in der III. Phase eingesetzt wird, sind die methodischen Hinweise dort abgedruckt (s.u.S. 28f.).

II. Phase – Erarbeitung

Strukturierung des Textes

Die Strukturierung des Textes soll dazu helfen, ein besseres Verständnis für den Text zu gewinnen. Man versucht dabei, ihn nach Sinnschritten zu gliedern und Überschriften für die Teileinheiten zu finden.

Västeras-Methode

Der Name dieses Verfahrens stammt von der schwedischen Stadt Västeras, in der es entwickelt worden ist. Es leitet zu gezielter Beobachtung an. Die Teilnehmer werden dazu aufgefordert, spontan entstandene Fragen zu sammeln, aber auch eigene Gefühle, Betroffenheit oder Einsichten zu erkennen. Sie erhalten ein Blatt, auf dem der Text in kleine Abschnitte eingeteilt ist, und sollen ihn mit folgenden Zeichen versehen:
»?«: Das Fragezeichen deutet auf unklare Stellen oder solche, an denen weitergefragt werden soll.
»!«: Das Ausrufezeichen steht für wichtige Erkenntnisse oder Einsichten.
»→«: Pfeile kennzeichnen die Stellen, an denen ich mich besonders angesprochen fühle und die mir für meine persönliche Situation bedeutsam erscheinen.
Nach der Einzelarbeit werden die Ergebnisse im Plenum ausgewertet.

Textvergleich

Bei dieser Methode geht es darum, den Text sorgfältig mit Parallelstellen (vor allem in den vier Evangelien) zu vergleichen, Unterschiede festzustellen und nach eventuellen Gründen dafür zu fragen. Damit wird der Text auf Distanz gebracht und in seiner geschichtlichen Entstehung – entgegen blinder Buchstabengläubigkeit – ins Bewußtsein gehoben. Diese Arbeit ist ein innerbiblischer Vergleich. Als zweite Möglichkeit bietet sich – gerade für die ohne Sprachkenntnisse ausgerüsteten Teilnehmer – der Vergleich verschiedener Übersetzungen an.

Textatelier

Das Textatelier stellt auf einem Arbeitsblatt eine Reihe zusätzlicher Bibelstellen bereit, in denen ähnliche Begriffe oder Zusammenhänge wie im Ausgangstext auftauchen. Die Teilnehmer setzen sich in arbeitsteiligen Gruppen damit auseinander und überlegen, wie die Texte sich gegenseitig ergänzen, erläutern oder auch hinterfragen.

Erarbeitung von schriftlichem Informationsmaterial

Zur Vertiefung des sachlichen Verständnisses (des Gesamttextes; bestimmter Begriffe; zeitgeschichtlicher Zusammenhänge usw.) werden entsprechende Informationsmaterialien bereitgestellt, die von Kleingruppen ausgewertet und in den Arbeitsprozeß eingebracht werden. Es ist auch möglich, daß die/der Leiterin/Leiter diese Informationen selbst gibt, um die Arbeit dieser Phase zu beschleunigen.

Strukturale Analyse

Die Strukturale Analyse will dazu anleiten, den Text als in sich abgeschlossene »Textwelt« wahrzunehmen und diese in vielfältigen Dimensionen und Beziehungen zu untersuchen. Dazu gehört die genaue Beobachtung aller Akteure und ihres Beziehungsgeflechts, vor allem auch der Randfiguren oder der nicht genannten Personen. Wichtig sind jedoch auch Raum- und Zeitdimension. Die Strukturale Analyse ist eine ziemlich komplizierte linguistische Methode und kann hier auch nur in den angedeuteten Ansätzen verwendet werden.

Fragenkatalog

In der Phase der Erarbeitung kommt den Fragenkatalogen der größte Stellenwert zu. Sie werden vom Leiter vorbereitet und ausgeteilt. Ihre Aufgabe ist es, die Teilnehmer zur intensiven Auseinandersetzung mit dem Bibeltext anzuregen. Dabei sollen sie so angelegt sein, daß eine selbständige Bearbeitung – unabhängig vom Fachwissen des exegetischen Experten – möglich ist. Deshalb müssen hin und wieder ein paar informatorische Hinweise in sie eingebaut werden. Die Bearbeitung der Fragenkataloge geschieht in Kleingruppen; anschließend werden die Ergebnisse im Plenum ausgetauscht und diskutiert.

Identifizierende Erschließung

Die Identifizierende Erschließung erweitert die vorwiegend kognitiven Erarbeitungsvorgänge der II. Phase (Fragenkatalog, Textatelier usw.) um eine stärker erfahrungsbezogene Dimension. Durch Identifikation mit Personen des Textes können die Teilnehmer Worte und Taten nachempfinden und besser verstehen. Die biblischen Texte berichten meist äußerst knapp über die Ereignisse und sagen wenig über Gedanken oder Gefühle der beteiligten Person(en). Diese Defizite sollen gleichsam von der Gruppe ausgeglichen werden. Dadurch kommt es zu einer Bewußtmachung der im Text verschlossenen Erfahrungen und gleichzeitig zu einer Verknüpfung mit subjektiven Erfahrungen und Gefühlen. Für die Identifizierende Erschließung bieten sich verschiedene Möglichkeiten:

1) *Nacherzählung aus der Sicht einer (im Text genannten oder ungenannten) Person:* Man versucht dabei, sich in die Lage der gewählten Person zu versetzen und die Geschichte einseitig von ihr her zu berichten und dadurch mögliche Konflikte besser herauszuarbeiten.

2) *Personenbeobachtung:* Bei der Personenbeobachtung richtet sich der Blick verstärkt auf eine Person des Textes – sie kann eine Nebenrolle einnehmen – und beschäftigt sich mit ihrer Entwicklung und ihren Beziehungen zu anderen (auch zu nicht genannten) Personen. Dadurch soll eine stärkere Einfühlung ermöglicht werden.

3) *Innerer Dialog einer Person:* Der Innere Monolog (auch fingiertes Selbstgespräch genannt) wird im allgemeinen vom einzelnen schriftlich geführt. Er versetzt sich in die Lage der bestimmten Person und redet gleichsam mit sich selber. Es gibt jedoch eine Variante, bei der alle Teilnehmer sich gleichzeitig beteiligen können. Der/die Leiter/in liest den Text noch einmal in Abschnitten vor. Sie/er unterbricht jeweils dort, wo sich ein Selbstgespräch anbietet. Die Teilnehmer versetzen sich in die Lage der Textperson und füllen die Pausen mit deren Gedanken. Diese werden lose, rein assoziativ aneinandergereiht; man benutzt dazu die Ich-Form.

4) *Dialog zwischen zwei Textpersonen:* Man findet sich in Zweiergruppen zusammen, wählt je eine Textperson und führt einen Dialog miteinander. Dies Gespräch möchte dazu helfen, die im Text enthaltenen Konflikte zur Sprache und damit verstärkt ins Bewußtsein zu bringen.

5) *Streitgespräch zur Situation des Textes:* Das Streitgespräch, meist eine Art Rollenspiel, dient dem gleichen Zweck. Die spielerischen Elemente ermöglichen es oft, die im Text enthaltenen Probleme besser zu erkennen und zu artikulieren. Dabei läßt sich die Zahl der beteiligten Personen über den Kreis der im Text genannten hinaus beliebig erweitern. Diese Art der Identifizierenden Erschließung eignet sich besonders auch für die III. Phase, da man sich im Spiel kreativ und ganzheitlich mit der verhandelten Sache auseinandersetzt. Sie verknüpft gewissermaßen beide Phasen.

III. Phase – Gestaltwerdung/Verinnerlichung

In der III. Phase geht es – wie oben ausgeführt – um die Gestaltwerdung und Verinnerlichung, also um ganzheitliche Aneignung. So finden wir hier überwiegend kreative Verfahren, sprachliche und besonders auch non-verbale.

Geführte Meditation

Die geführte Meditation dient in diesem Zusammenhang noch einmal der Sammlung und Ruhe und der intensiven Identifikation mit den Menschen der biblischen Erzählung. Diese Identifikation will jedoch jetzt nicht deren Erfahrungen nachvollziehen, um sie besser zu verstehen – wie in der zweiten Phase –, sondern sie möchte helfen, die eigene Situation zu durchdenken, Parallelen zu suchen, Fragen zu eröffnen, vielleicht Hilfe, Trost, Antwort zu finden. Die Meditationstexte sollten sehr ruhig, mit vielen Pausen zum Nachdenken gesprochen werden. Die Worte sollten möglichst im Zusammenhang des Bibeltextes bleiben, jedoch so offen formuliert sein, daß die Teilnehmer sich darin unterbringen können.

Schreibmeditation

Zu einer vorgegebenen Fragestellung, einem Thema oder einer Erfahrung, die im Zusammenhang mit dem Text zur Sprache gekommen ist, schreibt jeder Teilnehmer eigene Assoziationen und Gedanken auf, um sich mit der Problematik im Blick auf seine persönliche Geschichte zu befassen. Für diese Schreibmeditation ist auch die Form des Briefes an eine der beteiligten Personen sehr geeignet. Die Resultate können vorgelesen und – in aller Vorsicht – kann über sie gesprochen werden. Gibt es bei anderen ähnliche Erfahrungen? Wo mögen die Gründe für diese Probleme oder Aussagen liegen? Können wir uns gegenseitig Hilfestellung leisten? Meist bietet es sich jedoch an, nur über die Erfahrungen zu sprechen, die beim Prozeß des Schreibens gemacht wurden und nicht über die Inhalte selbst.

Dialog schreiben/Identifikation mit einer Person des Textes

Dieses Verfahren ist dem Dialog der »Identifizierenden Erschließung« in der II. Phase benachbart, aber hier geht es nicht um die Erschließung des Textes, sondern um das bessere Verständnis der eigenen Lebensverhältnisse. Die Teilnehmer führen ein fingiertes Gespräch mit einer Person des Textes; diese wird dabei jedoch gedacht als Aspekt des eigenen Selbst. Es geht also um die Identifikation eines Teiles meiner Person, ihrer Probleme und Erfahrungen mit einer Textgestalt. Formal soll die Gestalt eines wirklichen Dialogs entstehen, d.h. man schreibt abwechselnd »Ich« und den anderen Gesprächspartner (z.B. Zachäus) an den Rand des Blattes und versucht, zwischen beiden ein Gespräch zu führen. Über die Inhalte der Dialoge soll hinterher nicht im Plenum gesprochen werden. Wie bei der Schreibmeditation ist das Gespräch prozeßorientiert und der Austausch geschieht nur über die Erfahrungen, die man beim Schreiben gemacht hat. Solche Dialoge können – natürlich nicht immer beim ersten Mal – zu erstaunlichen Einsichten führen und tiefe Schichten der Person ansprechen.

Weitererzählen der Geschichte

Oft drängt sich beim Hören biblischer Geschichten die Frage auf: Wie ist es wohl weitergegangen mit dieser oder jener Person, z.B. mit Zachäus? Oder: Ob der »reiche Jüngling« noch einmal zu Jesus gekommen ist? Die Methode des Weitererzählens nimmt diese Fragestellung auf. Sie regt die erzählende Phantasie an, diese Leerstellen der biblischen Berichte zu füllen, d.h. die Geschichten weiterzuspinnen, eventuell mit alternativen Möglichkeiten. Das ist keine wertlose Spielerei, sondern eine phantasievolle Auseinandersetzung mit den vom Text angebotenen Möglichkeiten und meinen eigenen Vorstellungen. Dabei können Ängste und Hoffnungen, schlechte Erfahrungen oder Utopien zum Ausdruck kommen, spielerisch ausprobiert und bewußt verarbeitet werden.

Mit Verfremdungen arbeiten/Verfremden

Nicht nur durch Weitererzählen kann ein Text eine neue Stoßrichtung erfahren. Es gibt eine Vielzahl von Möglichkeiten, Bibeltexte zu verändern, zu übertragen, zu vergegenwärtigen, um ihre Sache neu und provozierend zu sagen. Die Veränderung kann sowohl Form wie Inhalt – oder beides – betreffen. Eine Alternative wird entwickelt, ein Lied, eine Paraphrase, eine Parodie entsteht, der Text begegnet in neuen Zusammenhängen usw. In dieser Phase kann man entweder mit solchen Verfremdungen arbeiten oder eigene Texte herstellen. Beides kann dazu helfen, neue Erfahrungen mit der biblischen Botschaft zu machen oder ihnen Ausdruck zu verleihen und sie damit zu verinnerlichen.

Auseinandersetzung mit dem Text im Spiel

Das Spiel gehört zu den bevorzugten Methoden der ganzheitlichen Aneignung. Es gibt viele unterschiedliche Formen, z.B. Nachspielen, Weiterspielen, Anspiel, Rollenspiel. Sie können in diesem Rahmen nicht weiter ausgeführt werden. Im Praxisteil werden jeweils ein paar Hinweise zur geeigneten Form gegeben. (Vgl. auch die Hinweise zum Rollenspiel bei der »Identifizierenden Erschließung« in der II. Phase)

Bildbetrachtung/-meditation

Das Bild ist ein wichtiges Medium in dieser Phase. Der biblische Text soll ja nicht nur mit dem Verstand aufgenommen werden, sondern dem Menschen ganzheitlich begegnen. Ein möglicher Weg dazu führt über das Bild, in dem sich Inhalt und Gestalt, Sinn und Ausdruck treffen. Zur Bildbetrachtung eignen sich Fotos, Zeichnungen (Karikaturen) und andere künstlerische Darstellungen wie Tafelbild usw. Die Bildbetrachtung liegt auf der Grenze zwischen verbaler und non-verbaler Auseinandersetzung. Wir können sie in unterschiedlicher Art und Funktion einsetzen. Möglich ist ein mehr meditatives Schauen, das Erfahrungen abrufen, bestätigen oder vertiefen will, aber auch eine intensive Auseinandersetzung mit der Formsprache eines Bildes und der Aussage des Künstlers. Dabei können sich völlig neue Aspekte eines Textes eröffnen und ganzheitlich ansprechen. Die Bildbetrachtung gehört meist in die III. Phase. Sie kann jedoch auch in der I. Phase mit unterschiedlicher Funktion benutzt werden. Entweder erscheint sie vor dem Bibeltext. Dann kann sie durch intensives Einleben in die Bildwelt eigene Erfahrungen und Empfindungen abrufen und für die Beschäftigung mit dem Bibeltext vorbereiten. Oder sie tritt als zweites Medium gleich nach dem Hören zum Text hinzu, ihn verfremdend. Beide gemeinsam stehen unseren Erfahrungen gegenüber. Jetzt geht es nicht um eine Analyse des Bildes, sondern um die Frage, was das Bild zu dem biblischen Text in uns auslöst. Das soll spontan geäußert werden und uns so via Bild mit dem Bibeltext in Beziehung bringen. Wichtig ist immer das Schauen, sich Vertiefen, sowohl in der eigenen Vorbereitung als auch in der Gruppe, ehe es zum Gespräch kommt.

Hier kann keine ausführliche Anleitung zur Bildinterpretation gegeben werden, nur ein paar Hinweise: Soweit möglich sollte man sich einige Informationen zu Größe, Format, Technik und Entstehung des Bildes besorgen, außerdem über den/die Künstler/in. Der wichtigste Schritt ist sodann eine genaue Bildbeschreibung. Frage: Was ist zu sehen? (Gegenständliche/ungegenständliche Zeichen,

Farben, Formen, Linien, Flächen usw.) Diese Aufgabe erscheint zunächst sehr leicht, ist aber gar nicht so einfach. Man sollte sich wirklich zwingen, alle Einzelheiten genau zu erwähnen, um nicht bei vordergründig ins Auge Fallendem haften zu bleiben und vielleicht wichtige Interpretationshilfen zu übersehen. Bei dieser »Inventar-Aufnahme« sollten zunächst alle Deutungen und Erklärungen vermieden werden, ja, sie dient gerade dazu, vorschnelle Fixierungen zu verhindern.
Der nächste Schritt wendet sich der Komposition und der Eigenart des künstlerischen Ausdrucks zu: Wie wurde dieser Inhalt in Farbe und Form gestaltet? Hierher gehören Fragen nach dem Schwerpunkt, der Blickführung, dem Zueinander der einzelnen Bildelemente (Was ist vordergründig, was wird beschnitten z.B. durch den Bildrand?), einer spürbaren Ordnung (z.B. durchgehende Linien, Diagonalen, Verteilung von Licht und Schatten, Anordnung der Farben).
Wichtig sind auch die Fragen nach dem Malstil. Ist das Bild mehr malerisch oder zeichnerisch angelegt, d.h. gibt es scharfe exakte Begrenzungen oder eher ein unklares Nebeneinander? Wirkt es flächenhaft oder vermittelt es Tiefe und Räumlichkeit? Hat man das Empfinden von Ruhe und Statik oder eher von Bewegung und Dynamik, von Klarheit und Einheit oder Unklarheit und Vielheit? Wie genau sind die Bildelemente gestaltet, wieviel wird durch eigene Sehgewohnheiten ergänzt? Wie werden die Farben eingesetzt? Wo finden wir gleichfarbige Flächen? Schließlich ist die Frage nach dem Licht im Bild zu stellen (Lichtquelle, Lichtflecken, lichte Farben).
Erst dann – also ziemlich spät – sollte man sich den Deutungsansätzen zuwenden, die nun jedoch schon gut vorbereitet sind. »In meinen Bildern kann man all die Spannungen, Ängste, das Betroffensein in unserer Zeit wiederfinden, die sich in meine Seele eingegraben haben.... Die Kunst setzt eigentlich nur Symbole, Zeichen, Andeutungen, die ihre magische Kraft in den Tiefen menschlichen Seins empfangen. Erst der Betrachter gibt ihnen durch eigene Erfahrungen und durch seine Phantasie neues Leben...« Diese Worte des Künstlers Rolf Händler können uns in dieser Phase etwas Hilfestellung leisten. Wir fragen: Sind uns aus der Biographie des Malers Anlässe zur Entstehung des Bildes bekannt? Wie hat er die Thematik aufgefaßt? Worin mag das begründet sein? Händler spricht von Symbolen und Zeichen. Finden wir im Bild symbolhafte Zeichen und wofür stehen sie? Und er redet von den Erfahrungen und der Phantasie der Betrachter. Nun sind wir bei den Fragen nach der Wirkung auf uns. Welche Gefühle löst das Bild bei mir aus? Welche Erfahrungen und Assoziationen ruft es ab? Finde ich mich bestätigt, hinterfragt, beängstigt, ermutigt oder unberührt –, auch das muß man wohl einem Betrachter zugestehen.

Gestalten

Besonders wichtig sind die non-verbalen Methoden des Gestaltens. Dabei können die verschiedensten Techniken eingesetzt werden: Malen mit unterschiedlichen Malmitteln, Tonen, Collagen herstellen usw. Hier sind der Phantasie und den Möglichkeiten kaum Grenzen gesetzt. Grundsätzlich können wir dabei zwei Gestaltungsarten unterscheiden:
1) *Den Text visualisieren:* Eine reale Szene darstellen, die den Text ins Bild setzt oder ihn umsetzt;
2) *Freies Gestalten:* Eindrücke, Gefühle wiedergeben, die der Text ausgelöst hat. Sehr gute Erfahrungen wurden mit der Verwendung von Fingerfarben und großformatigem Papier gemacht, da kein Instrument (Pinsel, Farbstift o.ä.) die ganz unmittelbare und ganzheitliche Umsetzung und Gestaltung hemmt. Das Tonen wird oft besonders empfohlen, weil der Körper dabei am intensivsten einbezogen ist. So wird sogar vorgeschlagen: »Die Augen schließen, den Händen Spielraum gewähren, ohne Vorausplanung.« (Wink)
Wichtig bei all diesen Techniken ist, daß es nicht auf künstlerische Gestaltungen ankommt. Wir wollen keine vorzeigbaren Ergebnisse herstellen. Das Entscheidende bei der Gestaltung ist der Prozeß. Wir wollen mit Farben und Formen ausdrücken, welche Gefühle der Text in uns ausgelöst hat bzw. was wir empfunden und welche Erfahrungen wir in der Begegnung mit ihm gemacht haben. Manche sehr diffuse Empfindung kann dabei für uns selber Gestalt gewinnen. Zum Abschluß sollten die Teilnehmer die Möglichkeit haben, sich zu ihren Gestaltungen zu äußern und miteinander ins Gespräch zu kommen. Auch hier geht es wieder mehr um die gemachten Erfahrungen als um die Ergebnisse. Es bleibt selbstverständlich jedem freigestellt, sich an einem solchen Gespräch zu beteiligen; vor allem (wertende) Kommentare zu den Bildern sollten unterbleiben.

Musikalische Gestaltung

Auch die musikalische Gestaltung gibt vielfältige Impulse zum ganzheitlichen Erleben. Sie setzt keine großen Fähigkeiten voraus; denn es geht auch hier nicht um künstlerische Darbietungen. Die musikalischen Elemente können ganz unterschiedlich eingesetzt werden:
1. *Nach-, Aus- oder Umgestaltung eines Liedes, Kanons:* Das kann vom einfachen Singen und Nachempfinden über Instrumentierung bis zur Umformung von Melodie und Text führen.
2. *Verklanglichung:* Hiermit ist gemeint, die im Text entdeckten oder empfundenen Bewegungen, Gefühle usw. musikalisch auszudrücken. Hierzu eignen sich sehr gut Orff-Instrumente oder auch improvisierte Klangkörper.

3. *Herstellung eines Singspiels:* Die Gestaltung eines ganz einfachen Singspiels ist eine reizvolle, aber auch etwas zeitraubende Aufgabe. Hier geht es um eine Kombination von Wort und Musik.
4. *Bewegen nach Musik:* Eigene Musik (Gesang, Instrumentalmusik, Rhythmik) wird mit Bewegung verknüpft (s. dazu unten Pantomime/Tanz).

Pantomime/Tanz

Zur Verleiblichung eines Textes ist der Einsatz von Körpersprache ein besonders geeignetes Mittel. Es bietet sich eine ganze Palette gestalterischer Möglichkeiten: Pantomime über einzelne Züge eines Textes – Darstellung eines ganzen Textes in pantomimischer oder tänzerischer Form – tänzerischer Ausdruck von Erfahrungen, die mit dem Text gemacht wurden usw. Sehr gut läßt sich die Pantomime oder der Tanz mit Musik verknüpfen (s.o.). Auch hierbei ist es wichtig, sich während und nach der körpersprachlichen Gestaltung über die im Prozeß gemachten Erfahrungen zu unterhalten. Was habe ich dabei empfunden? Was ist mir an eigenen Bedürfnissen oder Perspektiven bewußt geworden? Was habe ich vielleicht über die Bedürfnisse anderer gelernt?

Symbolhandlung

Vor allem bei der Beschäftigung mit Bildern sind wir gewohnt, mit Symbolen umzugehen. Symbole bringen eine verschlüsselte Botschaft zum Ausdruck; sie verdichten und repräsentieren Gefühle und Erfahrungen. Dabei haben sie oft eine größere Aussagedichte als viele Worte. Nicht nur im Bild kann das Symbol erscheinen, sondern auch Handlungen können einen symbolischen Charakter haben. Wenn z.B. der Sündenbock im alten Israel in die Wüste getrieben wurde, war das eine symbolische Handlung, die von der Befreiung zeugte. Im Rahmen der III. Phase möchte eine Symbolhandlung ganzheitlich Zeugnis geben und erfahrbar machen, worum es in dem Gegenüber mit dem Bibeltext für mich gehen kann; so kann ich z.B. symbolisch ablegen, was mich lähmt und dadurch Befreiung erfahren.

Vorarbeiten zu diesen Vorgehensweisen wurden geleistet in: Berg, Sigrid/Berg, Horst Klaus, Interaktionale Bibelarbeit. In: KatBl, 1989, S. 428-432.

Zur Praxis

Die 16 praktischen Vorschläge sind nicht als Modelle gedacht, die nun genauso durchgeführt werden sollten. Sie sollen vielmehr als Werkstatt verstanden werden, in der gezeigt wird, wie eine solche Bibelarbeit verlaufen könnte. Sie wollen keine erschöpfenden Möglichkeiten vorstellen, sondern das Verfahren an einigen Texten durchspielen. Das heißt eben nicht, daß mit der gewählten Bibelstelle gerade so und nicht anders gearbeitet werden sollte. Es sind Vorschläge, die jederzeit variiert werden können. Vielleicht erscheint dem einen oder der anderen gerade im Zusammenhang mit dem vorgeschlagenen Text eine andere Methode als geeigneter, er hat eine völlig andere Idee für die Gestaltung, oder sie möchte ein anderes Bild betrachten usw. Es wurde auch darauf verzichtet, die Arbeit am Bibeltext in einen bestimmten, vielleicht vertrauten Rahmen einzubinden. So wird manch einer Hinweise auf Lied und Gebet vermissen. Sie sollen damit nicht ausgeblendet werden, sondern können sich spontan aus der Arbeit ergeben.
Die Vielzahl der Methoden weist darauf hin, wie unterschiedlich die Beschäftigung mit dem Text verlaufen kann, sie soll nicht zuletzt *zu eigener Kreativität in Vorbereitung und Umsetzung anregen.* In den Praxisbeispielen wurde versucht, möglichst unterschiedliche Methoden einzusetzen und so immer wieder andere Wege der Begegnung zu eröffnen. Dabei kommt es öfter zur Konzentration auf einen Teilaspekt des Textes, der in den Mittelpunkt der Betrachtung gerät. (Vgl. dazu o.S. 16). Die Darstellungen des Verlaufs sind zum Teil sehr ausführlich, bis zu wörtlichen Formulierungen für die/den Leiter/in. Sie wollen jedoch weder vorschreiben noch einengen, sind lediglich als Hilfestellungen, wie man es machen könnte, gedacht. Immer sollte die/der Leiter/in sich jedoch an der Gruppenarbeit, an den praktischen kreativen Übungen und an der Interaktion in der Gruppe wie jede/r andere beteiligen. Sie/er muß sich vor allem bemühen, die Gruppe weder zu manipulieren noch festzulegen oder die eigenen »Antworten« als richtig hinzustellen. – Aus diesem Grunde wurde auch auf kurze theologische Skizzen zu den einzelnen Texten verzichtet, wie sie ursprünglich vorgesehen waren. Damit würde die Arbeit unter Umständen wieder in eine bestimmte Richtung beeinflußt und die gemeinsame Suche nach der Wahrheit gesteuert.

Die Darstellung des Verfahrens, der Methoden und die Praxisbeispiele möchten also nicht einfach zur Nachahmung anreizen, sondern ein Gerüst an die Hand geben, das dazu instandsetzt, mit anderen Texten ähnlich umzugehen. Wichtig ist, daß alle drei Phasen zu ihrem Recht kommen, daß der Weg von der Nähe über die Distanz zur erneuten Nähe führt. Eine Grundforderung für diese ganze Arbeit ist es, *sich Zeit* zu *lassen.* Zeit und Ruhe braucht man zum intensiven Hören, zum Schauen, Assoziieren, Meditieren, zum Schreiben von Dialogen, zur Erarbeitung von Zusammenhängen und vor allem auch zu jeglicher kreativer Auseinandersetzung und Gestaltung. – Aber nicht nur im Blick auf die Textorientierung gilt die Forderung nach Zeit und Ruhe. Vor allem auch für den Austausch in den Kleingruppen während und nach der Arbeit und anschließend im Plenum bei der Berichterstattung und den sich daraus ergebenden Gesprächen spielt der Zeitfaktor eine große Rolle.
Der Gedanke an den Zeitaufwand läßt sofort die schwierige Frage nach den *Verwendungssituationen* und der Durchführung dieser Form von Bibelarbeit entstehen. Von der Altersstufe her ist an Jugendliche und Erwachsene zu denken. Zu den Situationen ist eines gewiß schon deutlich geworden: Die gewohnte einstündige Bibelstunde am Abend ist nicht ausreichend und nicht der geeignete Ort dafür. Man würde bestenfalls eine Phase schaffen und bis zum nächsten Treffen wäre z.B. die versuchte Nähe der I. Phase wieder verloren. Um wirklich in Ruhe die einzelnen Schritte machen zu können, sollten drei bis vier Stunden vorgesehen werden. Eventuell könnte man es mit drei aufeinanderfolgenden Abenden versuchen, wenn man jeweils kurze Zusammenfassungsphasen einplant. Wesentlich besser ist es, wenn man einen größeren Zeitraum zur Verfügung hat, z.B. einen Nachmittag und Abend, einen Tag oder ein Wochenende. (Als sehr verbindend haben sich dazwischenliegende gemeinsame Mahlzeiten erwiesen.) Das bedeutet, daß Freizeiten, Wochenenden, Ganztagstreffen in der Gemeinde oder in der Erwachsenenbildung am besten geeignet sind. In der Schule kämen Projektwochen oder Blockunterricht in Frage. Vor allem sehe ich hier eine Chance für Hauskreise. Sehr günstig ist es nämlich, wenn Gruppen sich regelmäßig für einen halben Tag (eventuell einen langen Abend) treffen können, um in dieser Weise zusammenzuarbeiten. Zum einen wird in einer solchen Gruppe ein stärkeres Vertrauensverhältnis entstehen, zum anderen wächst die Bereitschaft und auch die Fähigkeit, sich auf ungewohnte Methoden – gerade auch im kreativen Bereich – einzulassen und sich in ihnen auszudrücken. So kann man immer besser lernen, verschüttete Zugänge zur eigenen Person, zu Leben und Glauben zu gewinnen.

Empfehlenswerte Literatur

1. Für die Einleitung

Barth, Hermann/Schramm, Tim, Selbsterfahrung mit der Bibel. Ein Schlüssel zum Lesen und Verstehen. München/Göttingen, 1977.

Dormeyer, Detlev, Einführung in die Interaktionale Bibelarbeit. München/Göttingen, 1978.

Thiele, Johannes, Bibelarbeit im Religionsunterricht. Ein Werkbuch zur Bibeldikaktik. München, 1983.

Vogt, Theophil, Bibelarbeit. Stuttgart, 1985.

Wink, Walter, Bibelarbeit. Ein Praxisbuch für Theologen und Laien. Stuttgart, 1982.

2. Für die Praxisbeispiele

Kommentar-Reihen:

Das Alte Testament Deutsch. Neues Göttinger Bibelwerk. Verlag Vandenhoeck & Ruprecht, Göttingen.

Das Neue Testament Deutsch. Neues Göttinger Bibelwerk. Verlag Vandenhoeck & Ruprecht, Göttingen.

Evangelisch-Katholischer Kommentar zum Neuen Testament. Hg.v. Josef Blank u.a. Benziger Verlag / Neukirchener Verlag, Zürich, Einsiedeln, Köln / Neukirchen-Vlyn.

Bibelarbeit in der Gemeinde. Hg. von der Deutschschweizerischen Arbeitsstelle für Erwachsenenbildung sowie der Arbeitsgemeinschaft für evangelische Erwachsenenbildung in der Schweiz und von der Bibelpastoralen Arbeitsstelle des Schweizerischen Katholischen Bibelwerks. Bd. 1-5. Friedrich Reinhardt Verlag Basel / Benziger Verlag Zürich-Köln,

Westermann, Claus, Lob und Klage in den Psalmen. Vandenhoeck & Ruprecht, Göttingen 6/1983.

Praxisvorschläge

Wer ist eigentlich dein Gott?

Exodus 20, 2.3

2 Ich bin Jahwe, dein Gott, der dich aus Ägypten geführt hat; aus dem Sklavenhaus. 3 Du sollst neben mir keine anderen Götter haben.

Psalm 81, 10.11a

10 Für dich gibt es keinen andern Gott. Du sollst keinen fremden Gott anbeten. 11a Ich bin der Herr, dein Gott, der dich heraufgeführt hat aus Ägypten.

Richter 6, 8b – 10a

8b So spricht der Herr, der Gott Israels: Ich selbst habe euch aus Ägypten heraufgeführt. Ich habe euch aus dem Sklavenhaus herausgeführt. 9 Ich habe euch aus der Gewalt Ägyptens und aus der Gewalt aller eurer Unterdrücker befreit. Ich habe sie vor euren Augen vertrieben und euch ihr Land gegeben. 10 Und ich habe euch gesagt: Ich bin der Herr, euer Gott. Fürchtet nicht die Götter der Amoriter, in deren Land ihr wohnt.

Hosea 13, 4.5

4 Ich aber, ich bin der Herr, dein Gott, seit der Zeit in Ägypten; du sollst keinen anderen Gott kennen als mich. Es gibt keinen Retter außer mir. 5 Ich habe dich in der Wüste auf die Weide geführt, im Land der glühenden Hitze.

I. Phase

1. Hören auf den Text. Zur Methode vgl. S. 18

Praxis

L: Ich habe heute vier kurze Texte zum gleichen Thema ausgewählt, die wir gemeinsam lesen wollen.

2. Rendezvous mit dem Text. Zur Methode vgl. S. 18

Praxis

L: Wir haben vier Texte gehört, die das 1.Gebot zum Inhalt haben. Ehe wir uns genauer damit auseinandersetzen, wollen wir uns auf uns selbst besinnen; denn je mehr wir uns als Person bewußt sind, desto besser können wir uns auf ein Gespräch mit dem Text und untereinander einlassen. An folgenden Fragen können wir uns bei dieser Besinnung ein wenig orientieren:
Was fühle ich jetzt?
Was erwarte ich vom Gespräch mit dem Text?
Wie ist mein eigener Standpunkt dem Text gegenüber?
Was will ich?
Wem weiche ich aus?
(Fragen am besten an eine Tafel oder auf ein Poster schreiben)

3. Gelenkte Assoziationen. Zur Methode vgl. S. 19

Praxis

L: In den Bibelworten, die wir gemeinsam gelesen haben, geht es um die Anbetung Gottes und um fremde Götter. Das Wort »glauben« wird nie genannt, und doch denke ich, daß es der eigentliche Inhalt ist. Wir wollen dieses Wort jetzt in unseren Kreis stellen und einmal sammeln, was uns ganz spontan dazu einfällt. Was heißt glauben? Was verbinden wir mit dem Wort? Welche Assoziationen kommen uns dazu, Erfahrungen, Bibelworte oder auch Fragen?

II.. Phase

1. Fragenkatalog. Zur Methode vgl. S. 24

Praxis

Der Fragenkatalog wird in Kleingruppen bearbeitet und anschließend im Plenum ausgewertet.

Fragenkatalog

Die Bibeltexte, die wir gelesen haben, enthalten drei Gesichtspunkte, die in verschiedener Reihenfolge und mit unterschiedlicher Gewichtung zusammengestellt sind. Es geht um

- den Glauben an Gott (darüber haben wir uns schon Gedanken gemacht),
- den Hinweis auf Gottes Tat(en) für sein Volk,
- das Verbot anderer Götter.

1. Lesen Sie bitte Micha 6,8; Kolosser 3,17; Römer 4,20 und Markus 9,24. Was wird in den Texten als Merkmale des Glaubens an Gott genannt? Vergleichen Sie mit den eigenen Assoziationen.

2. In vielen alttestamentlichen Stellen, in denen von Gott im Gegenüber zu fremden Göttern gesprochen wird, wird von diesen oft nur ausgesagt, daß die Väter sie nicht »gekannt« hätten, d.h., daß diese Götter keine Geschichte mit Israel haben. Vergleichen Sie Deuteronomium 13,7; 28,64; Jeremia 19,4. Auch der Hosea-Text argumentiert ähnlich.

3. Im 1. Gebot stellt sich Gott als der vor, der das Volk aus Ägypten geführt hat. In unserem Katechismus fehlt dieser Zusatz. Was hatte er wohl ursprünglich für eine Bedeutung? Wie beurteilen Sie es, daß er bei uns fehlt?

4. Versuchen Sie, diesen Satz »...dein Gott, der dich ...« anders weiterzuführen im Blick auf
   - Israels Geschichte,
   - auf die Christen,
   - auf Ihr persönliches Leben.

5. Beachten Sie, an welcher Stelle in den Texten das Verbot anderer Götter steht. Ändert das die Bedeutung?

6. Lesen Sie Matthäus 6,24. Worin sah Jesus einen fremden Gott?

7. Martin Buber übersetzt die Worte »andere Götter« mit »anderes Göttertum« und sagt dazu: »...damit ist alles umfaßt, was irgend Menschen sich zu Göttern machen könnten.« Martin Luther hat das viel direkter ausgedrückt: »Woran du dein Herz hängst und worauf du dich verläßt, das ist eigentlich dein Gott.« – Er sieht also die Gefahr der Götzenanbetung in jedem menschlichen Leben. Denken Sie darüber nach, welche modernen Götter Ihnen in diesem Zusammenhang einfallen.

2. Visualisierung – Herstellen von Collagen. Zur Methode vgl. S. 20

Die Gestaltungsaufgaben sind im allgemeinen in der III. Phase angesiedelt. Hier geht es jedoch nicht um die gestalterische Auseinandersetzung mit eigenen Erfahrungen in der Begegnung mit dem Bibeltext, sondern zunächst nur darum, das, was die letzte Frage des Fragenkatalogs ergeben hat, zu visualisieren.

Praxis

L: Wir haben uns am Schluß des Fragenkatalogs darüber Gedanken gemacht, was es in unserer Gesellschaft gibt, auf das wir uns heute weithin verlassen, das uns besonders wichtig ist. Wir wollen es noch einmal benennen. (Aufzählen: z.B. Eigentum, Leistung, Konsum, Sicherheit, Gesundheit, Erfolg usw.) Wenn wir diese Dinge als moderne Götter bezeichnen, müßten wir uns vorstellen, daß man ihnen einen Ort der Anbetung widmet, ihnen gleichsam einen Altar errichtet.
Wir wollen das einmal symbolisch tun. Ich habe gedacht, wir gehen jetzt in Kleingruppen auseinander. Jede Gruppe malt mit wenigen Strichen eine Art Altar auf ein Poster und stellt auf ihm mit Bild und Wort eine der von uns benannten modernen Gottheiten als Collage dar. Für diese Arbeit habe ich Ihnen Illustrierte – wir greifen dabei auf fertiges Bildmaterial zurück –, Scheren, Klebstoff und dicke Stifte bereitgelegt.
Anschließend wollen wir über die »Altäre der fremden Götter« sprechen. Dabei sollten wir uns gleichzeitig fragen, wie sich diese Anbetung im Alltag äußert, wie sie sich auf den Anbetenden auswirkt und wie auf die anderen Menschen, mit denen er zu tun hat.

III. Phase

1. Beschäftigung mit einer Verfremdung. Zur Methode vgl. S. 27

Praxis

L: Wir wollen uns jetzt mit einer Karikatur befassen, in der es auch um das Thema »Götzen-Anbetung« geht. Wir wollen versuchen herauszufinden, was die Zeichnerin Marie Marcks hierzu ins Bild gesetzt hat. – Zunächst wollen wir es jedoch in aller Ruhe ansehen. Wer dann etwas dazu sagen möchte, soll das Wort ergreifen.

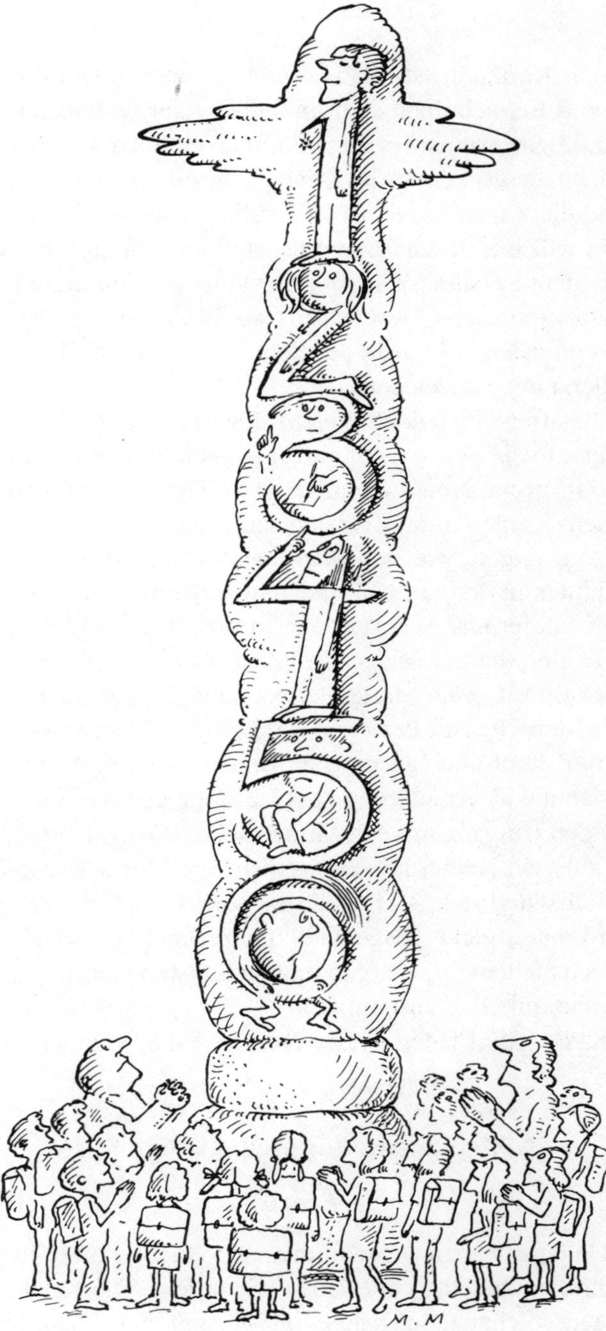

Marie Marcks. Aus: Dies., Krümm dich beizeiten. Quelle & Meyer, Heidelberg 1977

Hinweise zur Karikatur

Die Situation der Karikatur ist relativ leicht zu entschlüsseln. Eine Gruppe von Schulkindern und Erwachsenen steht in andächtiger, ja anbetender Haltung um eine riesige Säule. Sie erinnert in ihrer Form an eine Art Totempfahl. Wenn man genauer hinschaut, entdeckt man die Zeichen, die dieser Gegenstand der Anbetung enthält: Es sind die Zahlen von 1 - 6; sie sollen wohl für die Schulnoten stehen. Die Zeichnerin will mit dieser Zusammenstellung offenbar die weit verbreitete Huldigung, die dem Leistungsprinzip gilt, symbolisieren. Sie deutet an, daß der Leistungsgedanke in unserer Gesellschaft weithin zu einem »vergötterten« Wert geworden ist, und das nicht nur in der Schule – wie in der Karikatur –, sondern wohl in fast allen Lebensbereichen.
Der Totempfahl offenbart jedoch gleichzeitig etwas über die Folgen der »Leistungsanbetung«. In die Zeichen der einzelnen Schulnoten sind Schüler hineingezeichnet, die mit diesen Noten identifiziert werden. Wir sollten sie uns einmal genau anschauen, Körperhaltung, Gesichtsausdruck. Sie sprechen eine sehr deutliche Sprache und zeigen, wie sich Menschen mit den jeweiligen Noten in einer Gesellschaft fühlen, in der nur nach Leistung gewertet wird. Da sind die zusammengedrückten Fünfer und Sechser, der streberhaft nach oben hoffende Vierer, der paukende Dreier, der halbwegs zufriedene Zweier und schließlich der stolze, überheblich lächelnde Einser. Marie Marcks hat in der Zeichnung sehr augenfällig gezeigt, wie die Menschen als Personen dadurch gleichsam deformiert werden und ihre Identität nur durch die Leistung gewinnen. Aber nicht nur auf die eigene Person wirkt sich die »Vergötterung« der Leistung aus. Sie hat gleichzeitig Auswirkungen auf den Umgang mit den Mitmenschen. Ganz deutlich läßt es sich aus der Karikatur ablesen: Keiner hat mehr einen Blick für den anderen übrig; jeder denkt an sich selbst und steht – im Bild gesprochen – auf dem Kopf des anderen; der andere wird unterdrückt, ausgenutzt zum eigenen Vorwärtskommen oder er wird eben einfach nicht mehr wahrgenommen. Leistungsprinzip und Konkurrenzdenken gehören unmittelbar zusammen.
(Vgl. Berg,H.K./Berg,S.,Lieder, Bilder, Szenen. Bd.8, München 1978, S. 18)

2. Meditation. Zur Methode vgl. S. 26

Praxis

L: In unseren Collagen haben wir sehr unterschiedliche Götter dargestellt, die wir modernen Menschen anbeten oder denen wir opfern. Die Karikatur hat uns vor allem die Folgen solcher Götzenanbetung gezeigt. Jetzt habe ich einen Zettel vorbereitet, mit dem jede/r von uns sich allein beschäftigen sollte. Bei dieser

Meditation geht es nicht mehr darum, was man tut, sondern jetzt richten sich die Worte – und damit das Lutherzitat bzw. das 1. Gebot – ganz persönlich an mich und stellen mich in Frage.
Vielleicht kann ich mich nach der Auseinandersetzung mit den Fragen in Gedanken an den einen oder anderen Altar stellen, den wir gestaltet haben; – man kann ja auch mehreren Göttern dienen. Es ist jedoch auch möglich, daß auf meinem Altar etwas völlig anderes, nicht Genanntes steht.
Wir wollen anschließend nicht über die Inhalte unserer Meditation sprechen, höchstens über die Frage, wie man versuchen könnte, Abhängigkeiten zu erkennen und zu verringern oder vielleicht ganz abzubauen.

Anregungen zur Meditation

Ich will darüber nachdenken, was für mich und mein Leben besonders wichtig ist.

Woran merke ich, daß mir etwas so besonders wichtig ist?

Welche »Opfer« bringe ich bzw. habe ich schon gebracht, um es zu erhalten oder zu verwirklichen?

Ich stelle mir vor, ich würde es verlieren. Wie würde es mir dann gehen?

Wenn ich erkannt habe, daß ich von etwas abhängig bin, sollte ich mich fragen: Was kann ich tun, diese Abhängigkeit zu verkleinern oder abzubauen?

Ich bin der Herr, dein Gott, du sollst keine anderen Götter neben mir haben. Woran du dein Herz hängst und worauf du dich verläßt, das ist eigentlich dein Gott.

Herr, ich kann nicht mehr, laß mich sterben

1 Könige 19, 1 - 8

1 Ahab erzählte Isebel alles, was Elija getan, auch daß er alle Propheten
mit dem Schwert getötet habe. 2 Sie schickte einen Boten zu Elija und
ließ ihm sagen: Die Götter sollen mir dies und das antun, wenn ich
morgen um diese Zeit dein Leben nicht dem Leben eines jeden von
ihnen gleich mache. 3 Elija geriet in Angst, machte sich auf und ging
weg, um sein Leben zu retten. Er kam nach Beerscheba in Juda und ließ
dort seinen Diener zurück. 4 Er selbst ging eine Tagereise weit in die
Wüste hinein. Dort setzte er sich unter einen Ginsterstrauch und
wünschte sich den Tod. Er sagte: Nun ist es genug, Herr. Nimm mein
Leben; denn ich bin nicht besser als meine Väter. 5 Dann legte er sich
unter den Ginsterstrauch und schlief ein. Doch ein Engel rührte ihn an
und sprach: Steh auf und iß! 6 Als er um sich blickte, sah er neben
seinem Kopf Brot, das in glühender Asche gebacken war, und einen
Krug mit Wasser. Er aß und trank und legte sich wieder hin. 7 Doch der
Engel des Herrn kam zu zweitenmal, rührte ihn an und sprach: Steh auf
und iß! Sonst ist der Weg zu weit für dich. 8 Da stand er auf, aß und trank
und wanderte, durch diese Speise gestärkt, vierzig Tage und vierzig
Nächte bis zum Gottesberg Horeb.

I. Phase

1. Hören auf den Text. Zur Methode vgl. S. 18

Praxis

Der Text wird reihum gelesen.

2. Gelenkte Assoziationen. Zur Methode vgl. S. 19f.; hier wird die Form der Visualisierung als Foto-Text- Collage gewählt.

Praxis

L: Wir wollen uns jetzt zunächst auf ein paar Worte aus dem 4. Vers unseres Textes konzentrieren und dazu Assoziationen sammeln. Elija sagt dort: »Nun ist es genug, Herr. Nimm mein Leben.« Oder in einer anderen Übersetzung heißt es: »Herr, ich kann nicht mehr, laß mich sterben.« Elija fühlt sich am Ende seiner Kräfte, er hat keinen Mut mehr zum Leben und äußert deshalb den Wunsch zu sterben. Viele von uns haben selber wohl schon Situationen erlebt, in denen dieser Wunsch entstand, oder wir wissen von Menschen, die so fühlen. Wir alle können uns jedenfalls wahrscheinlich in derart verzweifelte Situationen hineinversetzen, in denen man mit Elija sprechen möchte: »Herr, ich kann nicht mehr, laß mich sterben.«

Ich habe für Sie eine Auswahl von Fotos, auch Illustrierte und Zeitungen, außerdem große Poster, dicke Farbstifte, Scheren und Kleber bereitgelegt und möchte Sie bitten, in Kleingruppen zu den Worten des Elija eine Collage herzustellen mit Bildern, die diesen Wunsch nahelegen, mit Worten, die etwas von der Verzweiflung der Situationen ausdrücken.

Anschließend wollen wir uns über unsere Arbeit austauschen.

II. Phase

1. Västeras-Methode. Zur Methode vgl. S. 23

Praxis

L: Wir wollen den ganzen Text jetzt noch einmal sehr genau beobachten und mit unseren eigenen Fragen, Einsichten und Gefühlen verknüpfen. Ich habe Ihnen dazu ein Blatt vorbereitet, auf dem der Text in kleine Abschnitte gegliedert ist. Dahinter sehen Sie drei Spalten, die mit einem Fragezeichen, einem Ausrufezeichen und einem Pfeil versehen sind. Ich möchte Sie bitten, den Text ruhig und intensiv durchzugehen und die Verse jeweils bei einem der drei Symbole mit einem Kreuz zu kennzeichnen. Das Fragezeichen deutet dabei auf eine unklare Stelle, die der Erklärung bedarf oder an der Sie weiterfragen möchten. Das Ausrufezeichen zeigt an: Hier leuchtet mir etwas ein; diese Stelle ist mir klar; hier habe ich etwas erkannt. Mit Pfeilen schließlich kennzeichnen wir Stellen, an denen wir uns besonders angesprochen fühlen, Gedanken, die uns existentiell betreffen. Im Plenum wollen wir dann diese Arbeit auswerten.

1 Könige 19, 1 - 8

	?	!	→
1 Ahab erzählte Isebel alles, was Elija getan, auch daß er alle Propheten mit dem Schwert getötet habe.			
2 Sie schickte einen Boten zu Elija und ließ ihm sagen: Die Götter sollen mir dies und das antun, wenn ich morgen um diese Zeit dein Leben nicht dem Leben eines jeden von ihnen gleich mache.			
3 Elija geriet in Angst, machte sich auf und ging weg, um sein Leben zu retten.			
Er kam nach Beerscheba in Juda und ließ dort seinen Diener zurück.			
4 Er selbst ging eine Tagereise weit in dieWüste hinein.			
Dort setzte er sich unter einen Ginsterstrauch und wünschte sich den Tod. Er sagte: Nun ist es genug, Herr.			
Nimm mein Leben; denn ich bin nicht besser als meine Väter.			
5 Dann legte er sich unter den Ginsterstrauch und schlief ein.			
Doch ein Engel rührte ihn an und sprach: Steh auf und iß!			
6 Als er um sich blickte, sah er neben seinem Kopf Brot, das in glühender Asche gebacken war, und einen Krug mit Wasser.			
Er aß und trank und legte sich wieder hin.			
7 Doch der Engel des Herrn kam zum zweitenmal, rührte ihn an und sprach: Steh auf und iß!			
Sonst ist der Weg zu weit für dich.			
8 Da stand er auf, aß und trank und wanderte, durch diese Speise gestärkt, vierzig Tage und vierzig Nächte bis zum Gottesberg Horeb.			

2. Erarbeitung von schriftlichem Informationsmaterial. Zur Methode vgl. S. 24

Praxis

L: Zum Verständnis des Textes ist es nötig, daß wir einige Informationen über den Zusammenhang und die unterschiedlichen Deutungen von Elijas Weg zum Horeb bekommen. Ich möchte Sie – aus Gründen der Zeitersparnis – deshalb bitten, sich in drei Gruppen jeweils mit einem der Informationstexte zu beschäftigen und im Plenum darüber zu berichten.

Alternative: Der Leiter gibt die Informationen in Kurzform selbst und leitet zum Fragenkatalog über.

Informationstext 1

Die alttestamentliche Forschung nimmt an, daß in dem vorliegenden Text mehrere unterschiedliche Überlieferungsstücke zusammengefügt worden sind. Man vermutet, daß der ursprüngliche Text lediglich eine Legende über eine Wallfahrt Elijas zum Horeb enthielt. Elija bricht auf – von wo, wird nicht gesagt – und kommt auf seiner Wanderung nach Beerscheba. Dieser jüdische Ort, an dem sich die Wege von Hebron und Gaza treffen, gilt als Ausgangspunkt für Wallfahrten zum Gottesberg. Den Wallfahrten liegt der Gedanke zugrunde, daß es Orte gibt, an denen man der Gottheit besonders nahe ist. Man nimmt an, daß sowohl Sinai wie Horeb Bezeichnungen für den Gottesberg sind.
Solche Wallfahrten wurden wohl von vielen Frommen unternommen. Wahrscheinlich führte der Weg über verschiedene Stationen, an denen sich die Pilger versorgen konnten. In Beerscheba läßt Elija seinen Diener zurück. Auf seiner einsamen Weiterwanderung – so erzählt der Text – wird er auf übernatürliche Weise ernährt.

Informationstext 2

Das 19. Kapitel beginnt mit den Worten: »Ahab erzählte Isebel alles, was Elija getan, auch daß er alle Propheten mit dem Schwert getötet habe.« Dieser Überlieferungsteil greift damit auf die Erzählungen aus den vorangegangenen Kapiteln zurück. Als Ahab König von Israel wird, heiratet er die Sidonierin Isebel. Er errichtet in Samaria einen Baalstempel und führt den Baalskult ein; gleichzeitig verehrt die Isebel die Aschera (16,29-33; 18,19). – Elija bekommt den Auftrag, als Strafe Jahwes eine Trockenheit anzukündigen, die dann auch eintritt. Anschließend verläßt Elija das Land (17,1-5). Ahab läßt ihn überall vergeblich suchen (18,10).

Nach drei Jahren kehrt Elija zurück – die Einzelheiten darüber berichtet Kapitel 18,1-19 – und beauftragt Ahab, »ganz Israel«, die »450 Propheten des Baal« und die »400 Propheten der Aschera« auf dem Karmel zu versammeln. Dort kommt es zu einem Gottesurteil. Elija schlägt vor, zwei Stiere zum Opfer vorzubereiten und auf das Holz zu legen, jedoch kein Feuer zu entzünden. Den einen Stier opfern die Baalspropheten, den anderen will Elija opfern. Er sagt: »Dann sollt ihr den Namen eures Gottes anrufen, und ich werde den Namen des Herrn anrufen. Der Gott, der mit Feuer antwortet, ist der wahre Gott.« Die Gebete der Baalspriester bleiben ohne Erfolg. Nun baut Elija mit dem Volk den Jahwealtar wieder auf, bereitet das Opfer vor und läßt das Holz sogar noch mit Wasser netzen. Feuer vom Himmel entzündet das Opfer. Das Volk bricht in Jubel aus und lobt Jahwe (18,20-39). Daraufhin läßt Elija die Baalspropheten töten (18,40). Anschließend fällt der ersehnte Regen.

Informationstext 3

Wenn man die Verse 1-3 außer acht läßt, deutet sich in unserem Abschnitt nur ganz vage eine Erklärung für den Weg Elijas zum Horeb an, und zwar in Vers 4b. Dort wird von seiner Mutlosigkeit und seinem Todeswunsch berichtet, die eigentlich nach dem Triumph bei dem Gottesurteil (18,20-39) wenig verständlich erscheinen. So findet sich hier auch eine andere Begründung für seine Flucht und den Todeswunsch, die nichts mit der Opferprobe und Isebels Drohung zu tun haben. Es heißt dort sehr allgemein: »…denn ich bin nicht besser als meine Väter.« Diese Worte sind nur von den späteren Worten Elijas an Jahwe (19,9-11.14) zu verstehen. Dort gibt Elija nicht Ahab (und Isebel) die Schuld am Verkommen des Jahweglaubens, sondern den Israeliten allgemein. Sie haben die Verpflichtung auf Jahwe aufgekündigt, seine Altäre zerstört und die Propheten getötet. Elija malt hier ein düsteres Bild. »Sie haben deinen Bund verlassen«, klagt er vor Jahwe. Er ist als einziger Warner Israels und Eiferer für Jahwe übriggeblieben, und deshalb verfolgen sie ihn.
Elija fühlt sich dieser Aufgabe jedoch allein nicht gewachsen, sie erscheint ihm zu schwer. Deshalb seine Flucht und sein Todeswunsch; denn er fürchtet, nicht mehr erreichen zu können, »nicht besser zu sein als die Väter«.

3. Fragenkatalog. Zur Methode vgl. S. 24

Praxis

Der folgende Fragenkatalog wird in Kleingruppen bearbeitet und anschließend im Plenum ausgewertet.

Fragenkatalog zu 1 Könige 19,1-8

1. In den Informationstexten haben wir unterschiedliche Deutungen von Elijas Weg in die Wüste und zum Gottesberg kennengelernt. Worin scheint demnach Elijas Todeswunsch vor allem begründet? Vergleichen Sie bitte mit Ihren Collagen. Wo liegt der Unterschied?

2. Wie geht der Text auf Elijas Todeswunsch ein? Wird dazu Stellung genommen?

3. Was erfolgt auf diesen Wunsch? Wie würden Sie das deuten?

4. Wie beurteilen Sie es, daß sich Elija nach der ersten Nahrungsaufnahme wieder zum Schlafen hinlegt?

5. Der Engel erscheint ein zweites Mal. Was für eine Reaktion hätte man vielleicht statt dessen von Jahwe erwartet?

6. Malen Sie sich noch einmal die Stationen auf Elijas Weg zum Gottesberg aus und benennen Sie sie. Obwohl wir unsere Verzweiflungssituationen nur sehr bedingt mit der des Elija vergleichen können, finden wir bei uns sicher ähnliche Stationen. Vielleicht können wir deshalb auch etwas von seinen Erfahrungen lernen. Wo könnten sie uns Trost sein?

III. Phase

1. Musikalische Gestaltung/Verklanglichung. Zur Methode vgl. S. 30

Praxis

L: Wir haben uns gerade im Zusammenhang mit der letzten Frage noch einmal mit dem Weg des Elija befaßt. Wenn wir ihn an unserem inneren Auge vorbeiziehen lassen, stellen wir fest, daß er eine enorme innere und äußere Bewegung enthält. Jetzt wollen wir versuchen, die Stationen und Emotionen einmal musikalisch darzustellen. Ich habe Ihnen dazu ein paar Rhythmus- und Klanginstrumente mitgebracht (Orff-Orchester); wir können sie auch mit einfachen Mitteln wie Klatschen, Klopfen usw. ergänzen. Mit ihnen wollen wir nun die Erfahrungen des Elija – vielleicht zum Teil auch unsere eigenen – nachzuempfinden versuchen: Angst, Flucht, Verzweiflung, Todeswunsch, Zuspruch(Engel), Müdigkeit, Abschlaffen, neue Hoffnung, Kraft (die bei der letzten Frage des Katalogs erarbeiteten Formulierungen benutzen).

2. Pantomime/Tanz. Zur Methode vgl. S. 31

Praxis

L: Der Weg des Elija läßt sich nicht nur musikalisch darstellen. Eine andere Gruppe sollte versuchen, das gleiche in Form einer Pantomime oder eines Tanzes zu gestalten. Das kann ohne Rhythmus und Töne geschehen, kann musikalisch begleitet werden oder sich an die Verklanglichung der ersten Gruppe anschließen. Die Umsetzung der Erfahrungen in Bewegung läßt sie uns dabei noch ganzheitlicher erleben: die schnellen Fluchtbewegungen, das Zusammensinken in der Verzweiflung usw. Vielleicht sollten wir auch den Engel in irgendeiner Weise darzustellen versuchen.
Eines sollte uns bei beiden Aufgaben bewußt sein: Es geht nicht um das Ergebnis, das wir hervorbringen. Schön, wenn es uns und anderen anschließend Freude macht. Viel wichtiger aber ist der Prozeß, den wir dabei erleben und über den wir immer wieder reden sollten. Warum machen wir es jetzt so oder so? Wie kann man dies oder jenes zeigen? Was möchte ich zum Ausdruck bringen? Welche Empfindungen habe ich, während ich es tue? Was erwarte ich vielleicht von anderen? Welche Erfahrungen mache ich für mich und im Austausch mit ihnen? Wie fühle ich mich in der Verzweiflung oder als Engel? Kann ich diese Erfahrungen mit meinem Leben in Verbindung bringen? Wo habe ich den Engel erfahren? Wo brauche ich ihn nötig? Wo oder wem kann ich vielleicht Engel sein?

Lob und Klage

Psalm 30

2 Ich will dich rühmen, Herr,
denn du hast mich aus der Tiefe gezogen
und läßt meine Feinde nicht über mich triumphieren.
3 Herr, mein Gott, ich habe zu dir geschrien,
und du hast mich geheilt.
4 Herr, du hast mich herausgeholt aus dem Reich des Todes,
aus der Schar der Todgeweihten mich zum Leben gerufen.
5 Singt und spielt dem Herrn, ihr seine Frommen,
preist seinen heiligen Namen!
6 Denn sein Zorn dauert nur einen Augenblick,
doch seine Güte ein Leben lang.
Wenn man am Abend auch weint,
am Morgen herrscht wieder Jubel.
7 Im sicheren Glück dachte ich einst:
Ich werde niemals wanken.
8 Herr, in deiner Güte
stelltest du mich auf den schützenden Berg.
Doch dann hast du dein Gesicht verborgen.
Da bin ich erschrocken.
9 Zu dir, Herr, rief ich um Hilfe,
ich flehte meinen Herrn um Gnade an.
10 (Ich sagte:)
Was nützt dir mein Blut, wenn ich begraben bin?
Kann der Staub dich preisen, deine Treue verkünden?
11 Höre mich, Herr, sei mir gnädig!
Herr, sei du mein Helfer!

12 Da hast du mein Klagen in Tanzen verwandelt,
hast mir das Trauergewand ausgezogen
und mich mit Freude umgürtet.
13 Darum singt dir mein Herz und will nicht verstummen.
Herr, mein Gott, ich will dir danken in Ewigkeit.

I. Phase

1. Hören auf den Text. Zur Methode vgl. S. 18

Praxis

Der Text wird versweise reihum gelesen.

2. Dialog mit dem Text. Zur Methode vgl. S. 19

Praxis

L: Wir haben versucht, sehr intensiv auf den Bibeltext zu hören. Er hat dabei in uns Gefühle ausgelöst und Erfahrungen abgerufen, die sehr unterschiedlich sein werden. Und eben darüber wollen wir uns jetzt mit dem Text auseinandersetzen. Wir stellen uns vor, daß der Text gleichsam ein Partner ist, mit dem wir in einen Dialog eintreten wollen. Wir schreiben ihm unsere Meinung, positiv oder negativ, fragend, zustimmend oder zurückweisend. Einige der folgenden Formulierungen könnnen uns vielleicht beim Einstieg ins Gespräch helfen:
Ich kann dir nicht zustimmen, weil…
Du ärgerst mich, weil…
Du tust mir gut…
Ich komme mit dir nicht zurecht…
Du bist mir zu optimistisch…
Ich könnte besser mit dir umgehen, wenn…
Die Dialoge bleiben unsere ganz persönliche Auseinandersetzung mit dem Bibelwort. Wir wollen im Anschluß nicht über ihre Inhalte sprechen, aber wir sollten versuchen, uns darüber auszutauschen, welche Erfahrungen wir beim Schreiben gemacht haben. Vielleicht können wir uns auch sehr allgemein dazu äußern, wodurch der Psalm uns angesprochen hat, worin er unseren Widerspruch erregte oder wo er uns in unserer augenblicklichen Situation etwas zu sagen hatte.

II. Phase

1. Textatelier. Zur Methode vgl. S. 23

Praxis

L: In den meisten Psalmen stehen Klage und/oder Lob im Mittelpunkt. Die Beter benutzen sehr unterschiedliche Bilder und Metaphern, um ihre Not oder ihre Freude und Errettung zu beschreiben. Wir wollen diesen Bildern jetzt einmal nachgehen. Eine Extragruppe sollte sich mit dem Motiv des Todes, das in unserem Psalm anklingt, befassen.
Ich habe Blätter mit Hinweisen vorbereitet, die wir in Gruppen bearbeiten wollen. Jede Gruppe sollte sich mit einer der drei Aufgaben beschäftigen und anschließend im Plenum darüber berichten.

Arbeitsblatt – Textatelier

1. Lesen Sie folgende Psalmstellen und suchen Sie nach den Bildern, mit denen der Beter seine Not und Angst beschreibt. Psalm 6,4.7.8; 22,21.22; 55,9; 57,5; 66,11.12a; 69,2.3; 102,4- 11; 142,4.8.
Überlegen Sie, welche Sie nachempfinden können.
Ergänzen Sie sie unter Umständen durch eigene Vorstellungen.

2. Wie werden Errettung und Lob zum Ausdruck gebracht? Lesen Sie bitte folgende Stellen: Psalm 3,4.8; 4,2; 16,9-11; 18,17.29-30; 28,6.7; 31,8.9; 32,6.7; 50,14.15; 57,8-10; 62,6.7; 63,5-9; 66,8.9; 103,1-5.
Welche Worte entsprechen Ihren eigenen Gefühlen? Wie würden Sie eventuell davon reden?

3. Lesen Sie folgende Psalmstellen: Psalm 6,3-6; 9,14; 18,4-7; 56,13.14; 88,11-13; 115,17.18; 119,175; 143,7; vergleichen Sie Jesaja 38,16-19.
Wie und in welchen Zusammenhängen sprechen die Psalmen vom Tod? Was ist für sie unaufgebbar mit dem Leben verbunden bzw. fehlt im Totenreich?

2. Fragenkatalog. Zur Methode vgl. S. 24

Praxis

Die Fragenkataloge werden in Kleingruppen bearbeitet und anschließend im Plenum ausgewertet.

Fragenkatalog zu Psalm 30

Wir haben bereits davon gesprochen, daß Lob und Klage die wichtigsten Inhalte der Psalmen sind. Beides ist in ihnen unterschiedlich gewichtet und angeordnet. Die Alttestamentler unterscheiden verschiedene Arten von Lob- und Klagepsalmen. Aber zu welcher Gattung sie auch gezählt werden, in nahezu allen sind beide Elemente enthalten. So auch in unserem Psalm.

1. Kennzeichnen Sie bitte in Psalm 30 mit schwarzer Farbe die Stellen, die von der Not und Klage des Beters berichten, und mit Rot diejenigen, die von Lob und dem Grund zum Loben erzählen. So zeigt sich ganz augenfällig die Gewichtung.

2. Versuchen Sie, den Psalm zu gliedern und den Teilen Inhaltsstichworte zu geben.

3. Welche Bilder benutzt der Beter in den Versen 2-4 für seine Notlage? Was läßt sich konkret über sie entnehmen?

4. Vers 4 scheint auf eine schwere Krankheit hinzuweisen, die fast zum Tod führte. Das ist vielleicht auch gleichnishaft zu verstehen. Es gibt häufig Erfahrungen, die uns dem Leben nahezu entfremden, uns wie tot erscheinen lassen. Nennen Sie Beispiele aus Ihren eigenen oder fremden Erfahrungen.

5. Wohin führen die Erinnerung an die Not und die erfolgte Rettung den Beter (Vers 5)?

6. Vers 6 zieht ganz grundsätzliche Folgerungen aus der Rettung, die er in zwei Gegensatzpaaren zum Ausdruck bringt. Welche? Wer sind jeweils die Subjekte in den Aussagen?

7. Die folgenden Verse gehen noch einmal ausführlicher auf die Erfahrungen des Beters ein. Was könnte hinter den Aussagen der Verse 7 und 8 stehen? Wie fühlte sich der Beter? Was mußte er erfahren?

8. Kennen Sie ein ähnliches Gefühl, wie es in Vers 7 beschrieben ist? Wodurch ist/war es begründet? Wie wirkt/e es sich aus?

9. Der Vers 8a scheint nicht ganz hierher zu passen, da gerade jetzt Klage und Versagen im Mittelpunkt stehen. Was könnte er hier bedeuten?

10. Die Verse 9-11 führen Vers 3 weiter aus. Wieder wird das Todesmotiv aufgenommen. Erinnern Sie sich an seine Bedeutung aus dem Gruppenbericht.

11. Die letzten beiden Verse schließen sehr unvermittelt an Vers 2 an. Die Begriffe »Rettung« und »Freude« werden in konkrete Bilder umgesetzt. Malen Sie sie aus.

12. Wie könnte man den letzten Vers bezeichnen? Vergleichen Sie mit Psalm 103,2.

13. Können Sie sich in dem Psalm unterbringen? Meinen Sie, daß man ihn immer beten kann? Überlegen Sie – jede/r für sich – welche Teile (Lob oder Klage) Ihnen im Augenblick besonders nahe sind.

III. Phase

L: Für den nächsten Schritt teilen wir uns auf, je nachdem, welche Psalmteile für uns in unserer augenblicklichen Situation besonders wichtig waren. Brauche ich die Möglichkeit, meine Not zu klagen, herauszuschreien, oder möchte ich mich einreihen in den Kreis derer, die sich im Freudengewand im Tanz zusammenfinden? Die beiden folgenden Vorschläge sind deshalb alternativ gedacht.

1. Symbolhandlung. Zur Methode vgl. S. 31

Praxis

L: Überall in den Psalmen begegneten uns die Klagen einzelner Israeliten oder die des Volkes. Heute hat die Klage in Israel einen besonderen symbolischen Ort. Vom Tempel in Jerusalem ist ja nur eine Mauer stehengeblieben, die den Namen Klagemauer trägt. Vor ihr sammeln sich immer wieder Juden, die ihre Not dort bei Gott ablegen, ihm ihre Klage vortragen.
Alle von uns, denen im Augenblick die Klage näher ist als die Freude und das Lob, sollten sich in einer Gruppe zusammenfinden. Diese Gruppe wird dann aus Kartons, auf die sie ihre Nöte und Klagen in Bildern oder konkret aufschreibt, eine Klagemauer aufbauen und ihre Probleme dort symbolisch ablegen. – Als Zuspruch und Ermutigung kann uns dabei ein Wort aus Psalm 55 in einer modernen Übersetzung begleiten: »Wirf deine Last ab, übergib sie dem Herrn; er selber wird sich um dich kümmern.« – Das entsprechende Material zum Mauerbau liegt bereit.

2. Tanz. Zur Methode vgl. S. 31

Praxis

Vielleicht findet sich eine zweite Gruppe, die von Dank und Freude erfüllt ist und die einstimmen möchte in den Jubel des Psalms: »Du hast mein Klagen in Tanzen verwandelt.« – Sie sollte versuchen, dem Ausdruck zu geben und einen Lob- und

Danktanz einzuüben. Er kann völlig frei gestaltet werden; es ist jedoch auch möglich, irgendein bekanntes Lied oder einen Kanon umzusetzen oder eigene Dankverse zu formulieren und zu singen.
Anschließend wollen wir uns gegenseitig ein wenig berichten von unseren Erfahrungen beim Bau der Klagemauer oder beim Versuch, unserer Freude und unserem Dank in einem Tanz Ausdruck zu verleihen.

Als Alternative bietet es sich für eine (oder beide) der genannten Möglichkeiten an, eine Verfremdung (Paraphrase) zu Psalm 30 zu schreiben (vgl. das Ergänzungsmaterial u.S. 57f.).

3. Gestaltung. Zur Methode vgl. S. 30

Praxis

L: Wir haben uns vorher, ehe wir in die Gruppen auseinandergingen, gefragt, wo der Psalm uns heute trifft. Können wir einstimmen in den Jubel und Tanz? Können wir lobend und preisend bekennen: »Herr, mein Gott, ich will dir danken in Ewigkeit.«? Oder geht es uns eher so, daß wir eine Klagemauer suchen, um unsere kleinen und großen Nöte auszusprechen, ja, auch ganz massiv zu klagen, zu schreien, zu flehen? Vielleicht fiel es uns schwer, uns einer Gruppe zuzuordnen; denn wahrscheinlich brauchen wir beides zu seiner Zeit.
Wir haben gehört, daß in den meisten Psalmen beide Elemente zu finden sind, und haben sie auch in unserem Psalm entdeckt. Ich habe Ihnen jetzt ein paar Zeilen aus zwei verschiedenen Gedichten aufgeschrieben (Poster). Sie sind aus dem Zusammenhang genommen und haben vielleicht ursprünglich eine etwas andere Intention. Aber sie nehmen, meine ich, sehr gut auf, was wir aus dem Gespräch mit dem Psalm für uns mitnehmen können.

»...jeder braucht eine Klagemauer... ...jeder braucht einen Platz, um sich auszusprechen, auszuweinen, anzulehnen, schwach zu sein...

(Inge Hartmann)

»...Jetzt habe ich mir vorgenommen jeden tag drei sachen zum loben zu finden. Dies ist eine geistlich-politische übung von hohem gebrauchswert...«

(Dorothee Sölle)

Daß wir alle immer wieder eine Klagemauer brauchen, einen Ort, an dem wir unsere Sorgen, Ängste und Verzweiflung ablegen können, wissen wir. Aber das Wort von Frau Sölle kann uns sicher auch eine Hilfe sein. Wie leicht verstummen Lob und Dank entweder im »sicheren Glück«, wie es in Vers 7 heißt, oder in der

Alltäglichkeit oder in der Fülle der Klagen. Nach Auffassung der Psalmen ist das Verstummen des Lobes dem Tod gleichzusetzen. Wer keinen Grund mehr findet, Gott zu loben, ist so gut wie tot. Das bedeutet aber auch umgekehrt, daß ich durch Lob und Dank wieder zu einer positiven Lebensperspektive zurückfinden kann –, auch wenn ich nicht so überschwenglich loben kann wie dieser Psalm oder wie der Danktanz der einen Gruppe. Die Anregung von Frau Sölle kann uns aber auch Mut machen, uns jeden Tag zu überlegen, wo wir drei ganz konkrete Dinge zum Loben und Danken finden, und sie auch auszusprechen.

Um unserer Klage einen Ort zu geben, um uns andererseits den Blick zu öffnen für Dinge zum Loben und Danken und als Hilfe, das Lob einzuüben, möchte ich Ihnen jetzt ein Angebot machen, das weit über unser heutiges Beisammensein hinausweist. Ich möchte vorschlagen, daß wir heute ein Klage- und Lobheft beginnen, das uns nach Hause in unseren Alltag begleitet. Hier liegen Hefte für alle bereit, die wir jetzt ein wenig gestalten und dann mit unseren ersten Eintragungen für den heutigen Tag beginnen wollen.
Ich würde vorschlagen, daß wir uns auf die erste Seite Worte schreiben, die uns heute im Zusammenhang mit Lob und Klage wichtig geworden sind, vielleicht ein Psalmwort oder eins aus den Gedichten. Dann können wir die jeweils gegenüberliegenden Seiten als »Klagemauer« für unsere Nöte und als Ort für die »drei sachen zum loben« benutzen. Vielleicht kennzeichnen wir sie mit je einem Symbol – Mauer und Tanz.
Zum Abschluß können wir dann mit dem heutigen Datum unsere ersten Eintragungen machen: Worüber möchte ich klagen? Was bedrängt mich heute besonders? Wo fühle ich Angst, Sorge, Verzweiflung? Wenn wir es mit Frau Sölle halten, dürfen wir uns auf der Lob-Seite allerdings nicht fragen, ob wir etwas eintragen möchten, sondern wir sollten uns ernsthaft auf die Suche nach »drei sachen zum loben« machen und sie aufschreiben. Wie die Gewichtung der beiden Seiten ausfällt und ob wir uns den Vorschlag von Frau Sölle ein wenig zur Pflicht machen, bleibt jedem selbst überlassen. Die Psalmen ermutigen uns dazu. Vielleicht haben wir ein anderes Mal die Möglichkeit, über Erfahrungen mit diesem Lob- und Klageheft zu sprechen.

Ergänzungstext – Paraphrase zu Psalm 30

Herr, ich lobe dich!
Du hast mich aus tiefer Verzweiflung gerettet.
Du hast die Schatten, die mich umgaben, gewehrt.
Du hast nicht zugelassen,
daß Dunkelheit mich verschlingt.

Als ich um Hilfe schrie,
hast du mich wieder gesundgemacht.
Wie nahe war ich der Finsternis des Todes,
aber du hast mir neues Leben geschenkt.

Dankt Gott mit mir,
singt ihm ein Loblied.

Manchmal spüren wir seinen Zorn,
doch seine Liebe und Güte
lassen uns nie los.

Wir weinen bittere Tränen,
aber neue Freude wird uns geschenkt.
Ich fühlte mich sicher in meinem Glück.
So selbstverständlich nahm ich deine Gaben
und verlor dich aus den Augen.
Ich vertraute auf Menschen und dachte:
»Was kann mir schon geschehen?«

Du hast mir den festen Grund nicht entzogen.
Zwar stürzte ich in einen Abgrund,
du verbargst dich vor mir.

Ich sah nur Schrecken und Nacht,
die Angst nahm mir den Atem.

Da schrie ich zu dir um Hilfe.
Ich flehte dich an,
mich nicht der Verzweiflung zu überlassen.
Ich erinnerte dich an deine Treue:
Du willst Rettung und nicht Verderben.

Du verwandelst meine Klagen in Freude.
Tanzen sollte ich dir!
Du gibst neues Erleben.
Neue Lieder will ich dir singen
und dir danken allezeit.

Immer und überall siehst du mich

Psalm 139, 1-18

1 Herr, du hast mich erforscht, und du kennst mich.
2 Ob ich sitze oder stehe, du weißt von mir. Von fern erkennst du meine
Gedanken.
3 Ob ich gehe oder ruhe, es ist dir bekannt; du bist vertraut mit all
meinen Wegen.
4 Noch liegt mir das Wort nicht auf der Zunge – du, Herr, kennst es
bereits.
5 Du umschließt mich von allen Seiten und legst deine Hand auf mich.
6 Zu wunderbar ist für mich dieses Wissen, zu hoch, ich kann es nicht
begreifen.
7 Wohin könnte ich fliehen vor deinem Geist, wohin mich vor deinem
Angesicht flüchten?
8 Steige ich hinauf in den Himmel, so bist du dort; bette ich mich in der
Unterwelt, bist du zugegen.
9 Nehme ich die Flügel des Morgenrots und lasse mich nieder am äu-
ßersten Meer,
10 auch dort wird deine Hand mich ergreifen und deine Rechte mich
fassen.
11 Würde ich sagen: »Finsternis soll mich bedecken, statt Licht soll
Nacht mich umgeben«,
12 auch die Finsternis wäre für dich nicht finster, die Nacht würde
leuchten wie der Tag, die Finsternis wäre wie Licht.
13 Denn du hast mein Inneres geschaffen, mich gewoben im Schoß
meiner Mutter.
14 Ich danke dir, daß du mich so wunderbar gestaltet hast. Ich weiß:
Staunenswert sind deine Werke.

15 Als ich geformt wurde im Dunkeln, kunstvoll gewirkt in den Tiefen
der Erde, waren meine Glieder dir nicht verborgen.
16 Deine Augen sahen, wie ich entstand, in deinem Buch war schon
alles verzeichnet; meine Tage waren schon gebildet, als noch keiner von
ihnen da war.
17 Wie schwierig sind für mich, o Gott, deine Gedanken, wie gewaltig
ist ihre Zahl!
18 Wollte ich sie zählen, es wären mehr als der Sand. Käme ich bis zum
Ende, wäre ich noch immer bei dir.

I. Phase

1. Rendezvous (mit dem Text). Zur Methode vgl. S. 18

Praxis

L: Heute soll ein Psalmtext in unserer Mitte stehen. Wir wollen auf ihn hören, ihn mit unseren Erfahrungen in Beziehung setzen, nach seinen Intentionen fragen und versuchen, ihn für unser Leben wirksam werden zu lassen. – Ehe wir dazu kommen, möchte ich jedoch, daß wir uns zunächst in aller Ruhe auf uns selbst besinnen und uns überlegen, wo wir stehen und was wir vielleicht heute erwarten oder auch befürchten. Ich habe ein paar Fragen für diese Meditation aufgeschrieben, an denen wir uns orientieren können und die uns helfen können, unseren Standpunkt zu finden:
Was fühle ich jetzt?
Was erwarte ich vom Text?
Wie ist mein eigener Standpunkt dem Text gegenüber?
Was will ich? Wem weiche ich aus?
(Tafelanschrieb oder großes Poster)

2. Hören auf den Text. Zur Methode vgl. S. 18

Praxis

Der Text wird vorgelesen; der nächste Schritt schließt sich unmittelbar an.

3. Vertiefendes Hören. Zur Methode vgl. S. 18

Praxis

Blätter mit dem Text in der Einheitsübersetzung liegen für alle bereit.
L: Wir haben eben den größten Teil des 139. Psalms gehört. Mit ihm, d.h. mit den eben gelesenen Versen 1-18 werden wir uns heute beschäftigen. Zunächst wollen wir versuchen, ihn noch intensiver aufzunehmen, vor allem auch auf das zu achten, was uns an ihm besonders wichtig ist oder uns trifft. Wir versuchen dabei die Fragen, die wir uns ganz am Anfang im Blick auf unsere eigenen Erwartungen oder Vorbehalte gestellt haben, mit einzubeziehen. Auf den ausgeteilten Blättern haben Sie den eben gehörten Text abgedruckt. Wir wollen ihn noch einmal laut lesen, und zwar liest jeder ein Stück, soviel, wie ihm wichtig erscheint. Dann machen wir eine Pause, in der wir dem Gehörten nachsinnen.
Anschließend möchte ich Sie bitten, völlig frei und ungeplant einzelne Worte oder Sätze, die Ihnen besonders wichtig sind, noch einmal auszusprechen. Das geschieht ganz in Ruhe; wir machen Pausen; wir können jederzeit Gleiches wiederholen. Es macht nichts, wenn wir das einmal mit anderen – unseren – Worten sagen. Allerdings wollen wir auf jeden Kommentar verzichten und auch nicht zu einem Gespräch kommen.

II. Phase

1. Fragenkatalog. Zur Methode vgl. S. 24

Praxis

Der Fragenkatalog wird in Kleingruppen bearbeitet und dann im Plenum ausgewertet.

Fragenkatalog zu Psalm 139, 1 - 18

1. Versuchen Sie, den Text zu gliedern und kurze Inhaltsstichworte für die Teile zu finden.

2. Es hat Ausleger gegeben, die den Psalm unter den theologischen Begriffen »Allgegenwart, Allwissenheit und Allwirksamkeit Gottes« abhandelten. Meinen Sie, daß es das Anliegen des Beters war, allgemeine Aussagen über Gott zu machen? Begründen Sie Ihre Meinung mit Textstellen.

3. Alles, was der Beter in diesem Psalm ausdrückt, hängt ganz eng mit dem Gefühl zusammen, daß er Gottes Blick immer auf sich ruhen sieht. – Welche Empfindungen verbinden Sie ganz spontan (vielleicht aufgrund von Kindheitserfahrungen) mit dem Gedanken, daß Gott Sie immer sieht?

4. Den Beter scheinen zwei widersprüchliche Gefühle und Erfahrungen – positive und negative – in diesem Zusammenhang zu bewegen. Versuchen Sie zu beschreiben, was er empfindet.

5. Welches der Gefühle gewinnt nach Ihrer Meinung bei dem Beter die Oberhand?

6. Welche Bedeutung kommt wohl den Versen 15-18 in diesem Zusammenhang zu?

7. Welches Gefühl bewegt Sie persönlich am meisten beim Lesen dieses Psalms?

2. Textvergleich. Zur Methode vgl. S. 23

Hier wird der Vergleich verschiedener Textübertragungen gewählt.

Praxis

L: Wir haben uns intensiv in den Psalm eingehört, und zwar in der Form der Einheitsübersetzung. Ich gebe Ihnen jetzt zwei weitere Übertragungen der Psalmworte, eine von Klaus Bannach und eine von Martin Buber. Ich möchte Sie bitten, die Texte miteinander zu vergleichen, Übereinstimmungen und Unterschiede festzustellen. Achten Sie besonders darauf, welche inhaltlichen Akzente die unterschiedlichen Übertragungen setzen und welches Grundgefühl jeweils in ihnen stärker zum Ausdruck kommt. Versuchen Sie, dies mit Zitaten zu belegen.

Psalm 139, 1 - 18 nach Horst und Klaus Bannach

Gott! Du weißt von mir. Du kennst mich.
Ob ich ruhe, ob ich wach bin:
Du weißt von mir.
Alle meine Gedanken verstehst du,
auch wenn du fern von mir zu sein scheinst.

Du mißt mir die Zeit zu, da ich unterwegs bin,
und Stunden der Muße schenkst du mir.
Um mein ganzes Leben kümmerst du dich.

Kein Wort kann ich sagen,
das du, Gott, nicht kennst.
Wohin ich mich wende: auf dich treffe ich.
Überall hältst du mich fest.
Das ist ein Wunder, das ich nicht begreifen kann.

Wohin soll ich denn gehen, ohne daß du mich einholst?
Wo soll ich mich verstecken, ohne daß du mich siehst?
Wenn ich zum Himmel aufstiege: da bist du.
Suchte ich Ruhe bei den Toten: dort bist du.
Enteilte ich mit dem Morgenrot, über Meere hinweg,
um mich dort niederzulassen: da würdest du mich leiten,
würdest du mich mit deiner Hand festhalten.

Wünschte ich: Dunkelheit soll mich verbergen,
alles Licht um mich her soll sich zur Nacht wandeln:
auch in Dunkelheit wäre dir nichts verborgen.
Wie der Tag würde die Nacht aufstrahlen,
hell wäre alle Finsternis.

Meine Gedanken und Gefühle hast du geschaffen,
im Mutterleib hast du mich herangebildet.
Ich preise dich darüber, daß ich so sehr bevorzugt bin.
Alles, was du mit mir geschaffen hast,
ist ein Wunderwerk. Dessen bin ich gewiß.

Du weißt, was meinen Leib zusammenhält,
obwohl ich im Verborgenen Gestalt gewann,
obwohl ich – wie in unterirdischen Tiefen –
von aller Augen entfernt, mit Adern durchzogen wurde.
Schon als ich noch ein Embryo war, hast du nach mir gesehen.
Bei dir war vermerkt alles, was mich ausmacht.
Alle meine Tage waren vorgebildet,
noch ehe ein einziger von ihnen begonnen hatte.

Wie groß sind deine Gedanken, die mir gelten, Gott.
Wie überwältigend müssen sie erst alle zusammen sein!
Wollte ich sie zählen,
müßte ich Sandkörner am Meer zählen,
und hätte ich sie alle gezählt,
wäre ich immer noch bei dir, Gott.

Psalm 139 1 - 18 nach Martin Buber

DU,
du erforschest mich und du kennst,
du selber kennst mein Sitzen, mein Stehn,
du merkst auf mein Denken von fern,
meinen Pfad und meine Rast sichtest du,
in all meinen Wegen bist du bewandert.
Ja, kein Raunen ist mir auf der Zunge,
da, schon erkannt, DU, hast dus allsamt.
Hinten, vorn, engst du mich ein,
legst auf mich deine Faust.
Zu sonderlich ist mir das Erkennen,
zu steil ists, ich übermags nicht.

Wohin soll ich gehn vor deinem Geist,
wohin vor deinem Antlitz entlaufen!
Ob ich den Himmel erklömme, du bist dort,
bettete ich mich im Gruftreich, da bist du.
Erhübe ich Flügel des Morgenrots,
nähme Wohnung am hintersten Meer,
dort auch griffe mich deine Hand,
deine Rechte faßte mich an.
Spräche ich: »Finsternis erhasche mich nur,
Nacht sei das Licht um mich her!«,
auch Finsternis finstert dir nicht,
Nacht leuchtet gleichwie der Tag,
gleich ist Verfinsterung, gleich ist Erleuchtung.

Ja, du bists,
der bereitete meine Nieren,
mich wob im Leib meiner Mutter!
Danken will ich dir dafür,
daß ich furchtbar bin ausgesondert:
sonderlich ist, was du machst,
sehr erkennts meine Seele.
Mein Kern war dir nicht verhohlen,
als ich wurde gemacht im Verborgnen,
buntgewirkt im untersten Erdreich,
meinen Knäul sahn deine Augen,

und in dein Buch waren all sie geschrieben,
die Tage, die einst würden gebildet,
als aber war nicht einer von ihnen.
Und mir
wie köstlich, Gottherr, sind deine Gedanken,
ihre Hauptstücke wie kernkräftig!
Ich will sie buchen, ihrer wird mehr als des Sands! –
Ich erwache: noch bin ich bei dir.

III. Phase

1. Bildbetrachtung/-meditation. Zur Methode vgl. S. 28f.

Hier geht es nicht um eine ganz eingehende Bildbetrachtung, sondern zwei Fotos (s. Diastreifen am Ende des Buches), die die Grundbefindlichkeiten des Psalms zum Ausdruck bringen (die Angst, durchschaut zu sein und nicht fliehen zu können und das Wissen um Geborgenheit), werden einander gegenübergestellt und besprochen.

Praxis

L: Wir wollen uns jetzt zwei Fotos ansehen, die, wie ich meine, die Gefühle des Psalmbeters gut zum Ausdruck bringen. Wir wollen uns Zeit lassen beim Schauen, wollen uns in die Bilder hineinversetzen und uns vielleicht selbst darin unterbringen.

Hinweise zu den Bildern

Foto 1: Maske
Das erste Foto zeigt eine Maske, und zwar handelt es sich um eine venezianische Maske. Sie liegt oder schaut aus einem Gewirr von Laub hervor. Sie ist sehr streng in ihren Formen: Der Mund ist kaum zu ahnen, die Nase sehr zart und gerade, die Augenbrauen sind steil nach oben gezogen, die Form der leeren Augenhöhlen unterstreicht die Fremdartigkeit.
Ein Gesichtsausdruck, der irgenwelche Empfindungen symbolisiert, läßt sich nicht entnehmen. Das Gesicht ist starr, gleichsam undefinierbar. Das eine Auge wirkt hohl, bei der anderen Augenhöhle hat man das Gefühl, als blicke etwas hindurch, augenähnlich und doch nicht wirklich einem menschlichen Auge entsprechend.

Eine Maske weckt sicher unterschiedliche Empfindungen. Zum einen denkt man daran, daß man sich hinter einer Maske verstecken kann. Man verkleidet sich zu Scherz und Schabernack, z.B. beim Fasching, und die Maske ist das beste Mittel, sich unkenntlich zu machen und sich ein Stückchen Narrenfreiheit zu gewähren. Wir wissen aber auch, wie oft man sich im Alltag gleichsam hinter einer Maske versteckt. Man tut das, um andere nicht so genau in sich hineinschauen zu lassen, weil man seine Gefühle nicht zur Schau stellen will. Manchmal tut man es aber auch, um ein bestimmtes Bild von sich zu geben oder um andere bewußt zu täuschen.
Wenn andere Masken tragen, ruft das häufig wenig erfreuliche Empfindungen hervor, und die Maske auf dem Foto – vielleicht verstärkt durch das merkwürdige rechte Auge – macht das sehr deutlich. Jeder Maske gegenüber, die einen anschaut, fühlt man sich irgendwie ausgeliefert, durchschaut. Sie zeigt das Antlitz nicht, das sich hinter ihr verbirgt, aber man liegt offen vor ihr, hat keine Möglichkeiten auszuweichen oder sich zu verstecken. So kann sie Angst und Unsicherheit auslösen und den Wunsch, ihr aus dem Weg zu gehen.

Foto 2: Alte Frau mit Kind (Ausschnitt)
Dies Foto spricht sicher jeden Beschauer ziemlich spontan an. Zwar sehen wir nur einen Ausschnitt aus einer Situation, aber es fällt sehr leicht, sich das Bild zu ergänzen: Eine alte Frau, die liebevoll ein Kind an sich drückt. Die faltigen Hände weisen auf eine Fülle von Erfahrungen. Man kann sich unschwer ausmalen, was sie im Laufe ihres Lebens angepackt, gearbeitet, aber auch gestreichelt und geliebt haben.
Die Bewegung, mit der die Frau das Kind im Arm hält, drückt jedoch nicht nur Liebe und Zuwendung aus. Sie scheint gleichzeitig Trost, Fürsorge und Geborgenheit zu vermitteln. Das Kind schmiegt sich an die Frau. Es weiß, zu wem es mit seinen Schwierigkeiten flüchtet. Man kann nur jedem Menschen wünschen, daß er die Erfahrung dieses Grundvertrauens gemacht hat und daß sein Vertrauen nie getäuscht wurde. In den Zusammenhang dieses Bildes paßt sicher das Wort aus Jesaja 66,13, wo davon gesprochen wird, daß Gott wie eine Mutter trösten will. Das Bild Gottes als Mutter ist uns nicht sehr vertraut, meist wird von ihm als Vater geredet. Aber wie tröstend, auffangend und umhüllend dieses Bild sein kann, wird uns sicher im Zusammenhang mit diesem Foto bewußt.

2. Schreibmeditation. Zur Methode vgl. S. 26

Praxis

L: Wir haben bei der Beschäftigung mit dem Psalm entdeckt, daß der Beter unter anderem Schrecken und Angst äußert, die sich aus der bedrückenden Erkenntnis

ergeben, daß er sich vor Gott nicht verstecken kann, daß Gott ihn durchschaut. Dasselbe Gefühl erweckte zum Teil auch das erste Bild.
Sicher ist uns allen die Erfahrung des Beters nicht unbekannt. Es gibt Dinge, Gedanken in unserem Leben, die wir niemandem, ja am liebsten nicht einmal uns selbst eingestehen wollen. Wir verbergen oder verdrängen sie und wollen sie nicht wahrhaben. Die Tiefenpsychologie spricht in diesem Zusammenhang von unserem »Schatten«. Sie hat immer wieder darauf hingewiesen, daß zum Ganzwerden des Menschen das Annehmen seines Schattens dazugehört. Er ist ein Teil unseres Lebens; wir müssen »ja« zu ihm sagen. Dieser Psalm spricht in anderen Worten. Er weiß davon, daß wir uns nicht verstecken können, nicht vor anderen, nicht vor uns selbst, nicht vor Gott. Er fordert uns dazu auf, ehrlich mit uns selbst zu sein und uns zu fragen: Wo gibt es in meinem Leben solche Dinge, die ich verbergen, vergessen, ja am liebsten gar nicht wahrhaben möchte? Wie kann ich mit ihnen umgehen? Entfliehen kann ich ihnen nicht. Wie kann ich lernen, »ja« zu ihnen zu sagen, sie zu verarbeiten oder sie zu verändern? Über diese Fragen wollen wir jetzt jeder für sich in einer Schreibmeditation nachdenken.
Sicher werden wir nachher nicht inhaltlich über die Fragen sprechen, die wir uns persönlich gestellt haben. Aber vielleicht findet sich die Möglichkeit, sich über Erfahrungen, Ängste oder Hoffnungen auf diesem Weg auszutauschen.

3. Gestalten: Tonen. Zur Methode vgl. S. 30

Praxis

L: Im vorigen Schritt haben wir uns mit den dunklen Teilen unserer Person befaßt, haben versucht, auch sie anzunehmen. Jetzt wollen wir uns dem anderen Gefühl oder der anderen Erfahrung zuwenden, die in dem Psalm und in dem zweiten Bild zur Sprache kommen: dem Gefühl der Geborgenheit, dem Vertrauen und der Hoffnung, daß trotz allem – um es mit Buber zu sagen – »ich erwache: noch bin ich bei dir«.
Ich möchte Sie bitten, diesem Gefühl Ausdruck zu geben, indem Sie für sich ein Geborgenheitssymbol tonen. – Wenn Sie sich jetzt ein Stück Ton holen und sich an die Arbeit machen, denken Sie gar nicht zu viel dabei; versuchen Sie einmal, sich von Ihren Händen und Ihrem Gefühl leiten zu lassen.

Ergänzungstext – Paraphrase zu Psalm 139, 1-18

Herr, du kennst mich.
Du kennst all mein Denken und Fühlen.
Alles, was mir durch den Kopf geht, weißt du,
ehe es mir bewußt ist.

Du weißt um die Gedanken, die mich pausenlos jagen,
die ich nicht in den Griff bekommen kann,
die mich denken.

Du weißt, wie sie mich quälen und nicht loslassen.
Und du weißt, wie sie durchsetzt sind mit bösen Wünschen,
Verzweiflung und Mutlosigkeit.

Es ist dir alles vertraut,
du kennst es besser als ich.

Wollte ich es vor dir verstecken
– wie vor anderen Menschen –,
so wäre es vergeblich.
Ich bin vor dir wie ein offenes Buch.

Auch wenn ich mich gegen dich sperre,
dich aus meinem Denken verbanne,
so bist du da.

Wenn ich mich dem Dunkel der Verzweiflung überlassen will,
so siehst du mich;
wenn ich mich blind dem Glück des Augenblicks anvertraue,
so bist du auch da.

Nichts entgeht dir, Dunkelheit und Licht.
Immer bist du um mich,
deine Hand hält mich,
sie umgibt mich von allen Seiten.

Denn ich bin dein Geschöpf.
Du hast mich geschaffen.
Du liebst mich.
Mein Leben liegt in deiner Hand.

Hast du es so gewollt?
Ich weiß es nicht.
Manchmal kann ich es nicht glauben,
daß mein Weg so gedacht war von dir.

Wie kann ich deine Gedanken erkennen?
Ich grüble und komme nicht weiter.

Aber ich weiß:
Ich kann nicht aus deiner Hand fallen.
Du bist bei mir auf meinem Weg.
Du hältst mich;
immer bin ich bei dir.

Stellvertretend für uns

Jesaja 53, 2b-12

2 Er hatte keine schöne und edle Gestalt, so daß wir ihn anschauen mochten. Er sah nicht so aus, daß wir Gefallen fanden an ihm. 3 Er wurde verachtet und von den Menschen gemieden, ein Mann voller Schmerzen, mit Krankheit vertraut. Wie einer, vor dem man das Gesicht verhüllt, war er verachtet; wir schätzten ihn nicht. 4 Aber er hat unsere Krankheit getragen und unsere Schmerzen auf sich geladen. Wir meinten, er sei von Gott geschlagen, von ihm getroffen und gebeugt. 5 Doch er wurde durchbohrt wegen unserer Verbrechen, wegen unserer Sünden zermalmt. Zu unserem Heil lag die Strafe auf ihm, durch seine Wunden sind wir geheilt. 6 Wir hatten uns alle verirrt wie Schafe, jeder ging für sich seinen Weg. Doch der Herr lud auf ihn die Schuld von uns allen. 7 Er wurde mißhandelt und niedergedrückt, aber er tat seinen Mund nicht auf. Wie ein Lamm, das man zum Schlachten führt, und wie ein Schaf, angesichts seiner Scherer, so tat auch er seinen Mund nicht auf. 8 Durch Haft und Gericht wurde er dahingerafft, doch wen kümmerte sein Geschick? Er wurde vom Land der Lebenden abgeschnitten und wegen der Verbrechen seines Volkes zu Tode getroffen. 9 Bei den Ruchlosen gab man ihm sein Grab, bei den Verbrechern seine Ruhestätte, obwohl er kein Unrecht getan hat und kein trügerisches Wort in seinem Mund war. 10 Doch der Herr fand Gefallen an seinem zerschlagenen (Knecht), er rettete den, der sein Leben als Sühnopfer hingab. Er wird Nachkommen sehen und lange leben. Der Plan des Herrn wird durch ihn gelingen. 11 Nachdem er so vieles ertrug, erblickt er das Licht. Er sättigt sich an Erkenntnis. Mein Knecht, der gerechte, macht die vielen gerecht; er lädt ihre Schuld auf sich. 12 Deshalb gebe ich ihm seinen Anteil unter den Großen, und mit den Mächtigen teilt er die Beute, weil er sein Leben dem Tod preisgab und sich unter die Verbrecher rechnen ließ. Denn er trug die Sünden von vielen und trat für die Schuldigen ein.

I. Phase

1. Rendezvous. Zur Methode vgl. S. 18

Praxis

L: Wir stehen mitten in der Passionszeit. Viele Eindrücke sind auf uns eingestürzt, oder wir haben im Alltag gar keine Zeit dafür gefunden oder gelassen. Jetzt sind wir zusammengekommen, um uns mit dem Thema zu beschäftigen. Ehe wir uns darauf einlassen, sollten wir uns mit uns selbst befassen und uns überlegen, wo wir stehen; denn je mehr wir uns als Person bewußt sind, desto besser können wir uns auf ein Gespräch mit dem Text und untereinander einlassen.
An folgenden Fragen können wir uns bei dieser Besinnung ein wenig orientieren:
Was fühle ich jetzt?
Was erwarte ich vom Gespräch mit dem Thema/Text?
Wie ist mein eigener Standpunkt ihm gegenüber?
Was will ich?
Wem weiche ich aus?
(Fragen am besten auf eine Tafel oder ein Poster schreiben)

2. Assoziationen. Zur Methode vgl. S. 19

Praxis

L: Wir haben das Thema unseres Zusammenseins genannt und haben über unseren eigenen Standpunkt nachgedacht. Nun wollen wir rein assoziativ sammeln, was uns zum Stichwort »Passion« einfällt, was wir alles damit verbinden. Wir schreiben das zunächst ganz ungeordnet auf und versuchen dann, es zu gliedern, um herauszufinden, welche Fragestellungen, Lebensbereiche oder Erfahrungen usw. bei uns mit dem Wort angesprochen sind.

3. Hören auf den Text. Zur Methode vgl. S. 18

Praxis

L: Wir hören jetzt einen alttestamentlichen Text, der bereits in der Urgemeinde mit der Passion Jesu in Verbindung gebracht wurde. Wir wollen ihn möglichst wie etwas ganz Neues aufnehmen, wenn er auch vielen sehr vertraut sein wird.

II. Phase

1. Fragenkatalog. Zur Methode vgl. S. 24

Praxis

L: In der Bibel stehen viele sehr unterschiedliche Aussagen über das Leiden und Sterben Jesu und seine Bedeutung. Wir wollen jetzt einmal darauf achten, welche Sicht gerade unser Text uns nahelegt. Ich habe dazu einen Fragenkatalog vorbereitet, den wir in Kleingruppen bearbeiten und anschließend im Plenum auswerten wollen.

Fragenkatalog zu Jesaja 53, 2b-10a

1. Unser Text ist das vierte sogenannte Gottesknechtslied aus dem Jesaja-Buch. Man weiß nicht, wer mit diesem Gottesknecht ursprünglich gemeint war. Einige Stellen weisen jedoch darauf hin, daß sich das Gottesknechtlied auf einen wirklichen Menschen bezog. Welche?

2. Suchen Sie alle Stellen heraus, die das Leiden und Sterben dieses Gottesknechtes beschreiben. Was wird im einzelnen darüber gesagt? Wie konkret empfinden Sie die Aussagen? Versuchen Sie, heute leidende Menschen darin zu sehen. Gibt es da Unterschiede?

3. Wenn Sie – wie die Christen es seit alters her tun – dies Lied vom leidenden Gottesknecht auf Jesus beziehen, was bedeutet das für alles menschliche Leiden?

4. In Vers 4 klingt die in der Antike verbreitete Vorstellung an, daß Leiden selbstverschuldete Strafe Gottes sei. Was bedeutet das für einen Leidenden? Bleibt dieser Text bei den alten Vorstellungen stehen?

5. In immer neuen Wendungen redet der Text von dem »für uns«, das wir ja auch vom Leiden und Sterben Jesu bekennen. Stellen Sie all diese Worte zusammen. Was tut er alles »für uns«?

6. Ab Vers 10 wird von Errettung und Erhöhung des Knechtes gesprochen. Stellen Sie auch diese Aussagen zusammen. Lassen sich konkrete Hinweise entnehmen, wie Errettung und Erhöhung gemeint sind? Was läßt sich darüber sagen?

7. Wenn wir an Jesus denken, bringen wir diese Stellen mit dem Glauben an seine Auferstehung in Verbindung. Welcher Vers/welche Verse bringen nach Ihrer Meinung besonders gut zum Ausdruck, was das »für uns« in diesem Zusammenhang bedeutet?

III. Phase

1. Bildbetrachtung. Zur Methode vgl. S. 28f.

Praxis

L: Ich zeige Ihnen jetzt ein Bild von Jean Fautrier »Christus am Kreuz« (s.Diastreifen am Ende des Buches). Wir schauen es zunächst ganz ruhig an und lassen es auf uns wirken. Was sehen wir? – Wie ist der Inhalt dargestellt? – Was spricht uns an? – Was verwundert uns oder befremdet uns gar?
Nach einer Vertiefungsphase wollen wir das Bild in seinen Farben, Formen, der Komposition und dem Inhalt genauer zu analysieren versuchen. Wir beginnen damit, daß wir es zunächst ganz genau beschreiben. Dann erst können wir uns fragen: Worauf zielt der Künstler wohl? Was hat er ausdrücken wollen? Wie wirkt das Bild auf uns? Sind wir heute davon betroffen?

Jean Fautrier: Christus am Kreuz – Anregungen zur Bildbetrachtung

Jean Fautrier hat von 1898-1964 gelebt. Er ist Franzose, wuchs allerdings in England auf. Dort hat er bereits in sehr jugendlichem Alter Londoner Kunstschulen besucht. 1917 kehrte er nach Paris zurück. Seine Frühwerke umfassen expressionistische Tier- und Aktgemälde. Schon ab 1926 hat er jedoch rein abstrakt gemalt. Das Bild »Christus am Kreuz« stammt aus einer frühen Periode. Der Inhalt ist noch gegenständlich definierbar, wenn auch von äußerster Knappheit in der Form.
Fast die ganze Bildmitte wird von dem am Kreuz hängenden Christus eingenommen. Die Komposition ist ganz ungewöhnlich; die Darstellung des Gekreuzigten weicht stark vom üblichen Schema ab. Der Körper ist nur sehr wenig durchgestaltet. Die Hände sind am Querbalken angenagelt, d.h. man sieht nur die eine Hand, der andere Arm ist angeschnitten. Den Leib zieht es von den Armen weit herab, nach vorn zu. Der Kopf ist ganz vornübergeneigt; man sieht nur die herabhängenden Haare. Der Christus dieses Bildes hat kein Gesicht.
Von den ausgebreiteten Armen über die Schultern und den Oberkörper, über das Lendentuch bis zu den Knien verjüngt sich die Gestalt immer mehr. Die Oberschenkel sind stark verkürzt; die Unterschenkel verschwinden wieder nach oben zu in diffusen Farben. Es wirkt, als seien die Füße am Kreuz fest und die Gestalt falle herunter auf die Knie.
Die Farbe des Körpers ist sehr hell, bis zu einem intensiven Orange. Es taucht vor allem an der einen etwas unförmigen Hand auf. Man sieht jedoch nicht im Todeskampf verkrampfte Gliedmaßen, wie sie häufig dargestellt werden. Die Linie von Armen und Schultern ist sehr unrealistisch, ein einfacher Bogen. Aber sowohl

Farbe wie Form rufen die Assoziation von Tieren wach, die im Schlachthaus aufgehängt sind.
Von der Gestalt nur wenig verdeckt, ragt das Kreuz von unten ins Bild hinein. Es ist – außer am oberen Rand – überall angeschnitten, steht nicht in der Bildmitte, sondern ist etwas nach rechts verschoben. Es neigt sich von dort leicht schräg nach links, ebenso der Querbalken. Vom Hintergrund hebt es sich kaum durch neue Farbwerte, sondern mehr durch hellere Konturen ab.
Der Hintergrund selbst ist eine ziemlich diffuse Fläche, ganz in Schwarz-/Braun-/Violett-/Beigetönen gehalten. Die Farben sind fleckhaft gesetzt, zum Teil stehen sie nebeneinander, zum Teil gehen sie ineinander über. Duktus und Farbgebung lassen Rückschlüsse auf seelische Zustandsbilder des Malers zu, die er in das Bild übersetzt hat. Auf der linken Kreuzesseite vertiefen sich die Farben fast zu Schwarz. Im Vordergrund bilden hellere Violett- und Beigetöne eine Art schrägen Bogen, wie die Andeutung einer Landschaft oder eines Berges. Rechts unten verdichten sich die Farben zu vagen Konturen. Man könnte die Silhouette einer Stadt darin erkennen, Tore, Straßen, vielleicht das in der Ferne liegende Jerusalem.
Häufig stehen Kreuzigungsbilder dem Betrachter wie eine Art Schauspiel gegenüber, das er mit mehr oder weniger Abstand ansehen kann, ohne sich direkt betroffen zu fühlen. Bei diesem Bild ist das kaum möglich; denn die Komposition bewirkt fast suggestiv, daß der Betrachter der Betroffene ist und sich schwer distanzieren kann.
Das hängt mit mehreren Kompositionselementen zusammen: Dadurch, daß das Kreuz unten angeschnitten ist und in das Bild hineinragt, scheint der Betrachterstandpunkt unmittelbar zu Füßen des Kreuzes zu sein. Ähnliches bewirkt die eine angeschnittene Hand. Man ist veranlaßt, sie weiterzudenken, so daß sie illusionistisch aus dem Tafelbild herausgreift, hinein in die Realität. Die Körperhaltung ruft ganz stark den Eindruck des Hängenden hervor. Unterstützt wird dieses Gefühl durch die fallenden Linien des Kreuzes. Vor allem aber durch die starke Tiefenräumlichkeit, hervorgerufen durch die Farben des Hintergrundes, wird es ins Extreme gesteigert. Man hat fast nicht mehr das Empfinden von Hängen, sondern von Fallen. Der am Kreuz Hängende fällt aus dem Bild heraus auf den Betrachter zu – ihm in die Arme.
Vielleicht hat der Maler ihn bewußt ohne Gesicht, nicht als eine bestimmte Person gemalt. Hier sehen wir nicht den Christus allein, sondern den Bruder Mensch, die geschundene Kreatur. Er ist der Leidende schlechthin, der in Schmerz und Verlassenheit dort hängt – hilflos, ausgeliefert, außerhalb der Stadt, außerhalb der Gemeinschaft – und der fällt oder sich fallen läßt. In Gottes Arme? In unsere Arme?

2. Symbolhandlung/Partnerübung. Zur Methode vgl. S. 31

In dieser Partnerübung sollen Angst, Vertrauen, Verantwortung symbolisch erfahren werden. Es geht darum, sich rückwärts in die Arme eines anderen fallen zu lassen bzw. einen anderen aufzufangen.

Praxis

L: Bilden Sie jetzt bitte Zweiergruppen. Stellen Sie sich so auf, daß einer dem anderen den Rücken zukehrt. Nun fordert der Hintere den Vorderen auf, sich steif nach hinten in seine Arme fallen zu lassen und fängt ihn auf. – Dann wechseln Sie die Positionen und führen die Übung umgekehrt aus. Das können Sie nach Wunsch ein- oder mehrmals machen.
Unterhalten Sie sich bitte anschließend mit Ihrem/r Partner/in über die Gefühle bei der Übung. Was bedeutete es für mich? Wie fühlte ich mich jeweils? Was war mir lieber? Fallen? Auffangen? Hinterher wollen wir uns auch im Plenum über unsere Erfahrungen austauschen.

3. Pantomime. Zur Methode vgl. S. 31

Praxis

L: Wir gehen jetzt noch einmal in Kleingruppen auseinander, und zwar mit einer doppelten Aufgabe:
Zunächst wollen wir die beiden Begriffe, um die unsere Partnerübung und unser Gespräch kreisten, in unseren Alltag, unser Leben übersetzen. Allerdings sollten wir ein drittes Moment mit aufnehmen, das in Bibeltext und Bild sehr stark zu uns gesprochen hat, nur in der Partnerübung nicht enthalten war, nämlich das, was dem Fallenlassen vorausgeht: das Hängen, das Leiden.
Wir wollen uns also fragen: Was heißt dieses Hängen in unserem Alltag? In welchen Situationen fühlen wir es? Wie äußert es sich? – Und weiter: Was bedeutet es ganz konkret, sich fallen zu lassen? Oder was heißt es eben dann, jemand aufzufangen? Wann brauche ich das eine, oder wann erwartet einer das andere von mir? Wie sieht es praktisch aus?
Dabei sollten wir gleichzeitig überlegen: Wie fühle ich mich im Leid, in Problemsituationen? – Was erwarte ich da von anderen? – Bin ich auch immer bereit aufzufangen? – Was tue ich in der Realität – entsprechend oder im Gegensatz zu unserer Partnerübung – lieber? Fangen oder Fallenlassen?
Wir sollten jedoch nicht nur bei der sprachlichen Klärung dieser Fragen stehenbleiben. Wir sollten dann einmal versuchen, körpersprachlich, also als Pantomi-

me, alltägliche Situationen darzustellen, in denen Fallenlassen, Liegen, Fangen, Aufrichten, Hilfesuchen, Erwarten, Geben usw. zum Ausdruck kommen. Wir wollen sie in der Gruppe ausprobieren, anschließend im Plenum vormachen und über unsere Gefühle dabei sprechen.

Im Abschlußgespräch würde es sich nahelegen, noch einmal auf Bild und Psalm zurückzukommen. Vielleicht hilft uns das Bild dazu, aufmerksam zu werden, wer auf uns zufällt, für wen Christus stellvertretend leidet, wen wir auffangen sollen. Gleichzeitig können Psalm und Bild uns trösten. Wir sehen Jesus als unseren Bruder im Leiden; er hat sich stellvertretend für uns fallen lassen, und wir dürfen wissen, daß wir uns – wie er – in Gottes Arme fallen lassen können.

Wie ein Baum gepflanzt am Wasser…

Jeremia 17, 5 - 8

5 (So spricht der Herr:) Verflucht der Mann, der auf Menschen vertraut,
auf schwaches Fleisch sich stützt und dessen Herz sich abwendet vom
Herrn. 6 Er ist wie ein kahler Strauch in der Steppe, der nie einen Regen
kommen sieht; er bleibt auf dürrem Wüstenboden, im salzigen Land, wo
niemand wohnt. 7 Gesegnet der Mann, der auf den Herrn sich verläßt
und dessen Hoffnung der Herr ist. 8 Er ist wie ein Baum, der am Wasser
gepflanzt ist und am Bach seine Wurzeln ausstreckt: Er hat nichts zu
fürchten, wenn Hitze kommt; seine Blätter bleiben grün; auch in einem
trockenen Jahr ist er ohne Sorge, unablässig bringt er seine Früchte.

I. Phase

1. Hören auf den Text. Zur Methode vgl. S. 18

Praxis

Der Text wird einmal vorgelesen. Der nächste Schritt, die Stufentechnik, bei der der Text wiederholt wird, schließt sich unmittelbar an.

2. Stufentechnik. Zur Methode vgl. S. 21

Praxis

L: Wir wollen jetzt versuchen, möglichst genau auf den Text zu hören. Dazu zerlegen wir unsere Auseinandersetzung mit ihm in vier Schritte oder Stufen, um unsere Aufmerksamkeit jeweils auf andere Elemente zu konzentrieren.

Zuerst achten wir nur darauf, was wir hören und wahrnehmen am Text. Was fällt uns auf an Worten und Wendungen? Was bleibt haften? Dazu werden wir den Text gleich noch einmal hören. In der nächsten Stufe werden wir dann über die Gefühle sprechen, die der Text in uns ausgelöst hat. Immer wenn wir etwas hören oder wahrnehmen, erleben und fühlen wir etwas dabei. Diese Gefühle sind nicht immer klar und eindeutig, aber wir wollen sie trotzdem äußern.
Meist verknüpfen sich unsere Gefühle mit irgendwelchen Einfällen und Assoziationen, in denen die eigenen Erfahrungen ins Spiel kommen. Diese Einfälle wollen wir in der dritten Stufe nennen. Ich werde stichwortartig festhalten, was wir jeweils in den drei Stufen gesammelt haben. In der vierten Stufe soll dann nämlich jeder versuchen, im Gegenüber und in der Auseinandersetzung mit allen Voten Stellung zu beziehen und eine Schlußfolgerung zu formulieren. Auch diese werden sicherlich sehr unterschiedlich ausfallen und zum Gespräch Anlaß geben. Vor jeder Phase lese ich den Text noch einmal vor und weise auf das hin, worauf es jeweils ankommt.

II. Phase

1. Textatelier. Zur Methode vgl. S. 23f.

Praxis

L: Im Mittelpunkt unseres Textes steht das Bild vom Strauch oder Baum. Es ist ein Bild, das uns in der Bibel sehr häufig begegnet. Ich habe Ihnen auf einem Blatt verschiedene solcher Stellen notiert, die wir in Kleingruppen unter den dort genannten Fragestellungen bearbeiten wollen.

Arbeitsblatt – Textatelier: Baum

Lesen Sie bitte die folgenden Bibelstellen, in denen das Bild vom Baum vorkommt. Überlegen Sie jeweils, in welchem Zusammenhang das Bild gebraucht wird und welche Bedeutung der Baum hat.

Ijob 14, 7 - 10
7 Denn für den Baum besteht noch Hoffnung, ist er gefällt, so treibt er wieder, sein Sprößling bleibt nicht aus. 8 Wenn in der Erde seine Wurzel altert und sein Stumpf im Boden stirbt, 9 vom Dunst des Wassers sproßt er wieder, und wie ein Setzling treibt er Zweige. 10 Doch stirbt ein Mann, so bleibt er kraftlos, verscheidet ein Mensch, wo ist er dann?

Psalm 1, 1 - 3
1 Wohl dem Mann, der nicht dem Rat der Frevler folgt, nicht auf dem Weg der Sünder geht, nicht im Kreis der Spötter sitzt, 2 sondern Freude hat an der Weisung des Herrn, über seine Weisung nachsinnt bei Tag und bei Nacht. 3 Er ist wie ein Baum, der an Wasserbächen gepflanzt ist, der zur rechten Zeit seine Frucht bringt und dessen Blätter nicht welken. Alles, was er tut, wird ihm gut gelingen.

Psalm 52, 3 - 10
3 Was rühmst du dich deiner Bosheit, du Mann der Gewalt, was prahlst du allzeit vor den Frommen? 4 Du Ränkeschmied, du planst Verderben; deine Zunge gleicht einem scharfen Messer. 5 Du liebst das Böse mehr als das Gute und Lüge mehr als wahrhaftige Rede. 6 Du liebst lauter verderbliche Worte, du tückische Zunge. 7 Darum wird Gott dich verderben für immer, dich packen und herausreißen aus deinem Zelt, dich entwurzeln aus dem Land der Lebenden. 8 Gerechte werden es sehen und sich fürchten; sie werden über ihn lachen und sagen: 9 »Seht, das ist der Mann, der nicht zu Gott seine Zuflucht nahm; auf seinen großen Reichtum hat er sich verlassen und auf seinen Frevel gebaut.« 10 Ich aber bin im Haus Gottes wie ein grünender Ölbaum; auf Gottes Huld vertraue ich immer und ewig.

Sprichwörter 3, 13 - 18
13 Wohl dem Mann, der Weisheit gefunden, dem Mann, der Einsicht gewonnen hat. 14 Denn sie zu erwerben ist besser als Silber, sie zu gewinnen besser als Gold. 15 Sie übertrifft die Perlen an Wert, keine kostbaren Steine kommen ihr gleich. 16 Langes Leben birgt sie in ihrer Rechten, in ihrer Linken Reichtum und Ehre; 17 ihre Wege sind Wege der Freude, all ihre Pfade führen zum Glück. 18 Wer nach ihr greift, dem ist sie ein Lebensbaum, wer sie festhält, ist glücklich zu preisen.

Ezechiel 31, 1 - 11
1 Am ersten Tag des dritten Monats im elften Jahr erging das Wort des Herrn an mich: 2 Menschensohn, sag zum Pharao, dem König von Ägypten, und zu seinem Gefolge: Wem war deine Größe vergleichbar? 3 Auf dem Libanon stand eine (Esche) Zeder. Die Pracht ihrer Äste gab reichlichen Schatten. Hoch war ihr Wuchs, und in die Wolken ragte ihr Wipfel. 4 Das Wasser machte sie groß. Die Flut in der Tiefe ließ sie hoch emporwachsen. Die Tiefe ließ ihre Ströme fließen rings um den Ort, wo sie gepflanzt war, sie leitete (von dort) ihre Kanäle zu allen anderen Bäumen des Feldes. 5 So war sie höher gewachsen als alle anderen Bäume des Feldes. Ihre Zweige wurden sehr zahlreich, und ihre Äste breiteten sich aus wegen des Reichtums an Wasser, als sie emporwuchs. 6 Alle Vögel des Himmels hatten ihr Nest in den Zweigen. Alle wilden Tiere brachten unter den Ästen ihre Jungen zur Welt. All die vielen Vögel wohnten in ihrem Schatten. 7 Schön war sie in ihrer Größe mit ihrem breiten Geäst; denn ihre Wurzeln hatten viel Wasser. 8 Keine Zeder im Garten

Gottes war ihr vergleichbar. Keine Zypresse hatte Zweige wie sie, keine Platane so mächtige Äste. Keiner der Bäume im Garten Gottes glich ihr an Schönheit. 9 Ja, ich hatte sie herrlich gemacht mit ihren zahlreichen Zweigen. Voll Eifersucht auf sie waren im Garten Gottes alle Bäume von Eden. 10 Darum – so spricht Gott, der Herr: Weil sie so hoch emporwuchs und mit ihrem Wipfel in die Wolken ragte und wegen ihrer Höhe überheblich wurde, 11 deshalb liefere ich sie dem mächtigsten Herrscher der Völker aus. Er behandelt sie so, wie sie es in ihrer Schlechtigkeit verdient hat; ich beseitige sie.

Matthäus 7, 17 - 20
17 Jeder gute Baum bringt gute Früchte hervor, ein schlechter Baum aber schlechte. 18 Ein guter Baum kann keine schlechten Früchte hervorbringen und ein schlechter Baum keine guten. 19 Jeder Baum, der keine guten Früchte hervorbringt, wird umgehauen und ins Feuer geworfen. 20 An ihren Früchten werdet ihr sie erkennen.

Matthäus 13, 31 + 32
31 Er erzählte ihnen ein weiteres Gleichnis und sagte: Mit dem Himmelreich ist es wie mit einem Senfkorn, das ein Mann auf seinen Acker säte. 32 Es ist das kleinste von allen Samenkörnern; sobald es aber hochgewachsen ist, ist es größer als die anderen Gewächse und wird zu einem Baum, so daß die Vögel des Himmels kommen und in seinen Zweigen nisten.

Lukas 13, 6 - 9
6 Und er erzählte ihnen dieses Gleichnis: Ein Mann hatte in seinem Weinberg einen Feigenbaum; und als er kam und nachsah, ob er Früchte trug, fand er keine. 7 Da sagte er zu seinem Weingärtner: Jetzt komme ich schon drei Jahre und sehe nach, ob dieser Feigenbaum Früchte trägt, und finde nichts. Hau ihn um! Was soll er weiter dem Boden seine Kraft nehmen? 8 Der Weingärtner erwiderte: Herr, laß ihn dieses Jahr noch stehen; ich will den Boden um ihn herum aufgraben und düngen. 9 Vielleicht trägt er doch noch Früchte; wenn nicht, dann laß ihn umhauen.

2. Fragenkatalog. Zur Methode vgl. S. 24

Praxis

Der Fragenkatalog wird in Kleingruppen bearbeitet.

Fragenkatalog zu Jeremia 17, 5 - 8

1. Gliedern Sie den Text.

2. Ähnlich wie in diesem Jeremia-Wort begegnen uns in den Psalmen Fluch- und Segenssprüche. Wem wird der Fluch zugesprochen? Wem der Segen?

3. Welche Formulierungen stehen sich also in Fluch und Segen gegenüber?

4. Bei Jeremia muß man das Fluchwort mit der Geschichte des Volkes in seiner Zeit in Zusammenhang sehen, nämlich mit Israels Bündnispolitik gegenüber den Großmächten. Vergleichen Sie dazu Jesaja 31,1-9. – Jeremia spricht hier nicht so direkt wie Jesaja. Mit welchen Worten charakterisiert er in diesen Versen eine solche Politik? Welche religiösen Folgen nennt er?

5. Versuchen Sie, diese Worte Jeremias auf unsere Zeit und persönlichen Verhältnisse zu übertragen. Was könnte dann heißen »auf Menschen vertrauen... auf schwaches Fleisch sich stützen«?

6. Malen Sie sich die benutzten Bilder genau aus: a) den Strauch in der Wüste, b) den Baum am Wasser.

7. Beim Bild vom Baum ist in vielen Übersetzungen der zweite Teil des 8. Verses mit dem Futur übersetzt. Es unterstreicht die Zusage an den, der sein Vertrauen auf Gott setzt. Versuchen Sie, die Aussagen des Bildes auf das menschliche Leben zu übertragen und als Hoffnungs- und Vertrauensworte zu formulieren.

III. Phase

1. Bildbetrachtung/-meditation. Zur Methode vgl. S. 28f.

Praxis

Ein Foto/Dia von einem Baum wird gezeigt.
L: Wir sehen vor uns das Bild von einem Baum. Wir stellen uns vor, wie er allmählich aus einem kleinen Pflänzchen heranwuchs. Er reckte sich in die Höhe, dem Licht, der Sonne entgegen. Wärme und Kälte, Wind und Regen gingen über ihn hinweg. Doch sein Stamm wurde allmählich kräftiger, dicker und dicker. Einen Jahresring nach dem anderen setzte er an. Auch die Äste wurden mehr und stärker, die Krone immer dichter und voller. Jetzt steht er in seinem Laubschmuck vor uns. Wir vergessen auch nicht seine kräftigen Wurzeln, die in die Tiefe reichen, ihn halten und mit Kraft versorgen.
Jetzt denken wir an die Tiere, die in seinem Schutz wohnen, an Insekten und Vögel, die in seinem Gezweig nisten.
Der Baum, ein Symbol des Lebens.
Wir wissen aber auch, daß die Bäume bedroht sind, heute mehr denn je. Blätter welken, Äste werden morsch, Stämme rissig.
Wir lassen das Bild des Baumes noch eine Weile ruhig auf uns wirken und lassen

dabei die Worte des Propheten Jeremia in uns nachklingen, ehe wir uns der nächsten Aufgabe zuwenden.

2. Gestalten: Reißen und Kleben. Zur Methode vgl. S. 30

Praxis

L: Beim Propheten Jeremia wird nicht davon gesprochen, was für ein Baum da am Wasser steht. Es werden sehr unterschiedliche Bäume dort wachsen, große, kleine, mächtige und unscheinbare.
Kurt Marti hat ein Buch geschrieben, in dem er sich sehr ausführlich mit Bäumen beschäftigt. Es heißt »Tagebuch mit Bäumen« (Sammlung Luchterhand Bd 810). Einmal bezieht er sich auf einen biblischen Satz aus den Sprüchen (13,12): »Ein erfüllter Wunsch ist ein Lebensbaum.« Dann fährt er fort: »Und ein unerfüllter? Befall mit Borkenkäfern vielleicht? Oder saurer Regen, der dem Baum meines Lebens ans Mark geht?«
Wir wollen den Gedanken vom »Baum meines Lebens« aufnehmen und nun versuchen, unseren Lebensbaum zu gestalten: unseren Lebensbaum, wie wir ihn heute sehen oder wie wir ihn uns wünschen oder erträumen. Vielleicht mit tiefen Wurzeln, weit ausladend oder ziemlich entwurzelt, beschnitten und zurechtgestutzt. Es gibt viele Möglichkeiten. Jedem bleibt selbst überlassen, welche er wählt und ob er Wunsch und Realität miteinander verknüpfen möchte oder kann.
Ich habe große Bögen, Tapetenreste, Buntpapier und Klebstoff bereitgelegt. Wir wollen ohne Schere arbeiten, mit den Händen das Papier reißen und uns so ganz unmittelbar mit dem Material auseinandersetzen. Man kann dabei den Baum aus größeren Formen zusammenstellen oder ihn mosaikartig aus kleinen Einzelstükken formen.
Anschließend wollen wir uns – natürlich nur, wer Lust hat – ein wenig über unsere Lebensbäume unterhalten.

Alternative: Malen der Lebensbäume mit Fingerfarben.

Sorgt euch nicht!

Matthäus 6, 25 - 34

25 Deswegen sage ich euch: Sorgt euch nicht um euer Leben und darum,
daß ihr etwas zu essen habt, noch um euren Leib und darum, daß ihr
etwas anzuziehen habt. Ist nicht das Leben wichtiger als die Nahrung
und der Leib wichtiger als die Kleidung? 26 Seht euch die Vögel des
Himmels an: sie säen nicht, sie ernten nicht und sammeln keine Vorräte
in Scheunen; euer himmlischer Vater ernährt sie. Seid ihr nicht viel
mehr wert als sie? 27 Wer von euch kann mit all seiner Sorge sein Leben
auch nur um eine kleine Zeitspanne verlängern? 28 Und was sorgt ihr
euch um eure Kleidung? Lernt von den Lilien, die auf dem Feld wach-
sen: Sie arbeiten nicht und spinnen nicht. 29 Doch ich sage euch: Selbst
Salomo war in all seiner Pracht nicht gekleidet wie eine von ihnen. 30
Wenn aber Gott schon das Gras so prächtig kleidet, das heute auf dem
Feld steht und morgen ins Feuer geworfen wird, wieviel mehr dann
euch, ihr Kleingläubigen! 31 Macht euch also keine Sorgen und fragt
nicht: Was sollen wir essen? Was sollen wir trinken? Was sollen wir
anziehen? 32 Denn um all das geht es den Heiden. Euer himmlischer
Vater weiß, daß ihr das alles braucht. 33 Euch aber muß es zuerst um
sein Reich und um seine Gerechtigkeit gehen; dann wird euch alles
andere dazugegeben. 34 Sorgt euch also nicht um morgen; denn der
morgige Tag wird für sich selbst sorgen. Jeder Tag hat genug eigene
Plage.

I. Phase

1. Assoziationen: Visualisierung/Collagen. Zur Methode vgl. S. 19f.

Praxis

Der Text der Bergpredigt kreist um den Begriff »Sorgen«. Die Vielfalt der Sorgen im politischen, sozialen und persönlichen Bereich soll zunächst ins Bewußtsein gehoben werden, so daß der Kontrast der Jesus-Worte zu den eigenen Erfahrungen besonders stark ins Auge fällt.
Zeitungen und Illustrierte, Scheren, Kleber und große Bögen liegen bereit. Die Aufgabe lautet, in Kleingruppen »Sorgen«, die uns in allen Lebensbereichen begegnen, als Collagen zu visualisieren.

2. Hören auf den Text. Zur Methode vgl. S. 18

Praxis

Der Bibeltext wird als Kontrast zu den Collagen vorgelesen.

II. Phase

1. Strukturierung des Textes. Zur Methode vgl. S. 23

Praxis

L: Um den Text besser befragen zu können und zu verstehen, wollen wir ihn zunächst nach inhaltlichen Gesichtspunkten gliedern und die einzelnen Teile mit Überschriften versehen.

2. Fragenkatalog. Zur Methode vgl. S. 24

Praxis

Der Fragenkatalog wird in Kleingruppen bearbeitet und die Ergebnisse im Plenum ausgetauscht.

Fragenkatalog zu Matthäus 6, 25 - 34

1. Die Grundaussage des Textes, die sich in immer neuen Zusammenhängen wiederholt, heißt: Sorgt nicht. – Wir wollen zunächst von Vers 27 ausgehen, der etwas aus dem Rahmen des übrigen fällt. Mit welchem Hinweis wird hier das Sorgen abgelehnt? Welche Einstellung zum Sorgen steht dahinter?

2. Wir kehren zu Vers 25 zurück. Gibt dieser Vers für sich genommen eine schlüssige Begründung, warum wir nicht sorgen sollen? Wie verstehen Sie ihn?

3. In den Beispielen von Vögeln (V 26) und Lilien (V 28-31) erläutert Jesus, von welcher Voraussetzung aus Vers 25 formuliert ist. Geht es ihm wohl um Naturbeweise oder worauf kommt es ihm bei diesen Aussagen anscheinend an?

4. In Vers 30 fällt das Wort »Kleingläubige«. Überlegen Sie, was Sie darunter verstehen. – Vergleichen Sie anschließend folgende Bibelstellen, in denen Jesus diese Bezeichnung auch noch gebraucht: Matthäus 8,26; 14,31; 16,8.

5. Meinen Sie, daß Jesus mit dem Verurteilen der Sorgen seine Jünger vom Kreisen um äußere Dinge befreien will, um ihnen ein Ideal von Bedürfnislosigkeit vorzustellen? Oder was ist der Sinn seiner Aufforderung?

6. Vers 32a warnt vor der Haltung der »Heiden«: »Um all das geht es den Heiden.« Das klingt sehr rigoros, als sollten uns die alltäglichen Dinge gleichgültig sein. Vers 32b gibt eine andere Erklärung.

7. Welche Haltung erwartet Jesus also von seinen Jüngern im Blick auf ihre Lebensgestaltung? – Vergleichen Sie Philipper 4,6; 1 Petrus 5,7.

8. Vers 33 spricht davon, daß die Sorge der Jünger vor allem dem »Reich und seiner Gerechtigkeit« gelten soll. Wir können uns heute nicht ausführlich mit diesen Begriffen auseinandersetzen. Wenn Jesus jedoch einmal sagt, mit ihm sei das Reich Gottes angebrochen, so gibt uns der Blick auf sein Leben und Sterben einen Hinweis, was es beinhaltet. Wie könnte man den Satz aus Vers 33 dann verstehen?

9. Wir meinen oft, daß mit dem Reich Gottes nur etwas Zukünftiges/Jenseitiges gemeint sei. Aus Vers 33 kann man jedoch eine andere Vorstellung erschließen.

10. Können Sie alles, was im Text über das Sorgen gesagt wurde, nachvollziehen, oder haben Sie vielleicht das Gefühl, daß die Aussagen über das Sorgen doch in manchem etwas vereinfacht und illusionär sind, wenn Sie sie mit ihrem Alltag in Übereinstimmung bringen wollen? Glauben Sie, daß Jesus uns jedes Sorgen verbieten wollte?

11. Denken Sie über den Zusammenhang von Sorgen und Handeln nach. Kann der Vers 34 hier vielleicht eine Hilfestellung geben?

III. Phase

1. Beschäftigung mit einer Verfremdung. Zur Methode vgl. S. 27

Praxis

Wir hören jetzt eine kleine Erzählung, in deren Mittelpunkt unser Text steht. Ich könnte mir vorstellen, daß die Geschichte einige Anstöße zuim Nachdenken liefert, daß sie aber auch Widerspruch hervorruft. Beides wollen wir aussprechen. Teilen Sie sich deshalb bitte anschließend in Kleingruppen auf; eine/r übernimmt dann die Rolle des Sperlings, von dem die Geschichte handelt, die anderen treten mit ihm in ein Streitgespräch ein.

Rudolf Otto Wiemer: Die Geschichte vom Sperling

Ich bin Fietje, der Sperling. Ich gehöre zu denen, die ein gewisser Jesus in seinen Reden erwähnt hat. Woher ich das weiß? Anscheinend kennt ihr uns Sperlinge wenig. Wir sind sehr aufmerksame und gelehrige Vögel. Außerdem leben wir gern in der Nachbarschaft des Menschen. Ich behaupte, es gibt keinen Ort in Palästina und in der Welt, an dem wir nicht anzutreffen sind. Auf den Höfen. In der Straße. Auf den Zweigen des Baumes. In der Dachrinne.

Daher kommt es, daß wir überall Bescheid wissen. Wir verstehen sogar vieles von der menschlichen Sprache. Wir hören diese seltsamen Geschöpfe, die nicht einmal Flügel haben, ja jeden Tag reden. Am Morgen treten sie aus dem Haus und halten Ausschau nach dem Himmel. Meist ist das Wetter ihnen nicht recht. Sie brauchen Sonne oder Regen für ihre Feldarbeit, je nachdem. Und da sie weder dem Regen noch der Sonne befehlen können, so wechselt ihre Laune häufig. Bei gutem Wetter haben sie gute Laune, bei schlechtem Wetter haben sie schlechte Laune. Sie krakeelen dann auf dem Hof und scheuchen uns von der Tenne fort. Wo wir ihnen doch nur ein paar Körner oder Brosamen wegpicken.

Vielleicht beneiden sie uns auch, denn wir Sperlinge sorgen uns überhaupt nicht um das Wetter. Ob die Sonne scheint oder Regen aus der Wolke fällt, wir freuen uns täglich unseres Lebens. Wir flattern von der Dachrinne herunter, oder wo wir sonst zu Hause sind. Wir danken der Sonne, dem Regen, der Wolke, wir begrüßen unsere Sperlingsfreunde, wir gehen der Katze aus dem Weg und suchen unser tägliches Körnlein. So einfach ist das für uns.

Dabei sind wir eigentlich recht leichtsinnig. Wenigstens für den Menschen sieht das so aus. Nicht mal um das Futter sorgen wir uns. Ob wir in drei oder vier Tagen noch satt werden. Ob der Herbststurm die Felder kahl macht. Ob es gar Flocken schneien wird im Winter. Wir legen keine Scheunen und Vorratsspeicher an. Wir können ja auch die Zeit nicht ausrechnen. Wir haben keine Kalender und wissen

nicht, ob der jeweilige Monat Juli oder August heißt. Dabei sind wir rege und gutgelaunt. Nicht wie die Menschen, die oft mit finsterer Miene einhergehen, weil sie sich unnützen Kummer machen.
Am ehesten ähneln uns noch die Kinder. Sie leben wie wir in den Tag hinein, ohne zu fragen : Was wird morgen sein, was übermorgen? Warum? Weil sie ihren Eltern vertrauen. Die wissen schon, was morgen sein wird. Na, und hat nicht jede Kreatur einen Vater, der für sie sorgt, weil er sie geschaffen hat? Auch uns Spatzen? Deshalb wundert es mich nicht, daß dieser Jesus, der ja ein großer Erzähler sein soll, uns Sperlinge zu einem Beispiel für die Menschen gemacht hat. O ja, er sprach von den Vögeln unter dem Himmel. Ich denke mir, damit wird er wohl hauptsächlich meine ansehnlichen Verwandten, die Adler, die Bussarde, die Raben, gemeint haben. Sicherlich auch die Lerchen, die sich aufwärts in den Himmel schwingen. Die Amseln, die Drosseln, die Nachtigallen, die ihrer Lieder wegen berühmt sind. Ebenso die räuberische Elster, die nur ein häßliches Krächzen hervorbringt. Und den Kuckuck natürlich, der nichts als seinen eigenen Namen ruft und seine Eier in fremde Nester legt. Trotzdem frage ich: Weshalb sollte der Meister dabei uns Sperlinge vergessen? Wo doch von ihm gesagt wird, daß er das Kleine und Unscheinbare liebt?
Tatsächlich, wir können uns nicht besonders rühmen. Wir besitzen ein erdfarbenes Federkleid. Unser Gesang wird es niemals mit einem Buchfinken oder gar mit einem Zaunkönig, der doch der winzigste ist, aufnehmen. Trotzdem gehören wir zur Familie, welche der Meister die »Vögel unter dem Himmel« genannt hat. Ich, der Sperling Fietje, halte das für eine vortreffliche Bezeichnung. Und der Meister hat dieses Wort sicherlich nicht ohne Absicht gebraucht. Denn von seinem »Vater im Himmel« war noch öfter bei ihm die Rede.
Was sagte Jesus?
»Macht euch keine unnützen Sorgen«, sagte er, »Sorgen um Essen und Trinken und um eure Kleidung. Das Leben, das Gott euch gab, ist mehr als die Nahrung. Der Leib, den Gott erhält, ist mehr als die Kleidung. Seht die Vögel unter dem Himmel an! Sie ernten nicht. Sie sammeln keine Vorräte in die Scheunen. Aber Gott, der Vater, ernährt sie doch. Fürchtet und ärgert euch nicht! Bangt auch nicht um den folgenden Tag. Es ist genug, daß jeder Tag seine eigene Plage habe.«
Ich kann dieser Rede nur zustimmen, auch wenn ich nicht vorhabe, mich, den Sperling Fietje, als Vorbild hinzustellen. Nur zu gut weiß ich, daß wir kleine, unnütze oder gar verachtete Kreaturen sind in den Augen des Menschen. Aber vielleicht ist es bei diesem Jesus anders. Da gibt es nichts, was unnütz oder verachtenswert wäre. Sogar vom Unkraut im Acker hat er gesprochen, das doch heute blüht und morgen ausgerauft und verbrannt wird. Sollte es dann nicht wahr sein, daß wir alle, Menschen, Sperlinge, Kräuter und Unkräuter, Geschöpfe des gleichen Vaters sind?

Verzeiht mir die vielen großen Worte. Haltet sie einem Sperling zugute, von welchem man weiß, daß er nicht bloß ein unscheinbarer, sondern auch ein vorwitziger und neugieriger Vogel ist. Nie entdeckt er etwas Neues, ohne sein Tschilp Tschilp dazu zu sagen. Wieviel mehr, wenn er etwas Wichtiges aufgestöbert hat. Ich, der Sperling Fietje, tue deshalb keck meinen Schnabel auf und sage: Man soll auf diesen Jesus hören.

2. Gestaltung. Zur Methode vgl. S. 30

Praxis

L: Wir haben heute ganz zu Beginn unseres Beisammenseins versucht, alles, was uns an Sorgen begleitet und bedrückt, in Collagen darzustellen. Dabei sind die verschiedensten Nöte aus allen Lebensbereichen in den Blick gekommen.
Dann haben wir Jesu Worte über das Sorgen gehört und bedacht. Wir haben uns von dem Sperling Fietje in Frage stellen lassen, haben aber auch festgestellt, daß wir kaum so sorglos leben können wie er. Ich denke, wir alle haben aber gespürt, daß wir viel von ihm lernen können, daß wir uns immer wieder gegenseitig helfen müssen zu einem vertrauensvollen Leben, ohne daß wir leichtsinnig oder verantwortungslos werden wollen. Dabei sind schon die Worte vom »sinnvollen Sorgen« und vom »unnötigen Sorgen« und vom »Tun statt Sorgen« aufgetaucht.
Ich habe gedacht, daß wir uns jetzt noch einmal unseren Collagen zuwenden und sie umgestalten, d.h. sie überkleben. Und zwar wollen wir versuchen, die teilweise unnötigen Sorgen zu überkleben mit positiven Beispielen, wo wir Erfahrungen wie der Sperling Fietje gemacht haben oder Zeichen vom Sorgen Gottes für seine Welt entdecken können.
Aber nicht nur mit solchen Bildern wollen wir unsere Collagen verändern. Ich meine, wir sollten auch an das denken, was wir über das Tun gesagt haben. Wir sollten die Bilder von den Sorgen überkleben mit Beispielen, wo Menschen sich engagieren, um solche Nöte beseitigen zu helfen, wo wir lernen können, daß nicht Sorgen, sondern Vertrauen und Tun die Welt verändern. So könnten unsere Collagen von Zeichen unserer Ängste und Sorgen zu Hoffnungssymbolen werden.
Jede Gruppe gestaltet also ihr Poster um und berichtet anschließend im Plenum. Ich hoffe, daß wir alle daraus viele Ermutigungen gewinnen.

Die Spatzen kaufen niemals ein

Matthäus 6, 26 - 33

2. Die Blumen wachsen |: ganz allein; :|
sie tragen bunte Kleider,
und immer sind sie schön und fein,
sie brauchen keinen Schneider.
Gott sorgt für sie;
kennt alle Blumen in der Welt.
Wenn sie nur blühen, |: wie er will, :|
und wie es ihm gefällt.

3. So viele Menschen |: sind bedrückt :|
vor lauter Angst und Sorgen;
Sie freun sich nicht, sie lachen nicht,
sie denken nur an morgen.
Gott sorgt für sie;
kennt alle Menschen in der Welt.
Wenn sie nur leben, |: wie er will, :|
und wie es ihm gefällt!

Text: Hein Meurer, Melodie: Gerhard Kloft

Wenn der Boden schwankt

Matthäus 14, 22 - 32

22 Gleich darauf forderte er die Jünger auf, ins Boot zu steigen und an das andere Ufer vorauszufahren. Inzwischen wollte er die Leute nach Hause schicken. 23 Nachdem er sie weggeschickt hatte, stieg er auf einen Berg, um in der Einsamkeit zu beten. Spät am Abend war er immer noch allein auf dem Berg. 24 Das Boot aber war schon viele Stadien vom Land entfernt und wurde von den Wellen hin und her geworfen; denn sie hatten Gegenwind. 25 In der vierten Nachtwache kam Jesus zu ihnen; er ging auf dem See. 26 Als ihn die Jünger über den See kommen sahen, erschraken sie, weil sie meinten, es sei ein Gespenst, und sie schrien vor Angst. 27 Doch Jesus begann mit ihnen zu reden und sagte: Habt Vertrauen, ich bin es; fürchtet euch nicht! 28 Darauf erwiderte ihm Petrus: Herr, wenn du es bist, so befiehl, daß ich auf dem Wasser zu dir komme. 29 Jesus sagte: Komm! Da stieg Petrus aus dem Boot und ging über das Wasser auf Jesus zu. 30 Als er aber sah, wie heftig der Wind war, bekam er Angst und begann unterzugehen. Er schrie: Herr, rette mich! 31 Jesus streckte sofort die Hand aus, ergriff ihn und sagte zu ihm: Du Kleingläubiger, warum hast du gezweifelt? 32 Und als sie ins Boot gestiegen waren, legte sich der Wind.

I. Phase

1. Bildbetrachtung. Zur Methode vgl. S. 28f.

Praxis

L: Ehe wir uns einem Bibeltext zuwenden, werden wir uns heute ein Bild des Malers Rolf Händler ansehen (vgl. Diastreifen am Ende des Buchs). Er lebt in Berlin-Karow und hat es dort 1987 gemalt.
Lassen Sie das Bild zunächst ganz in Ruhe auf sich wirken, vertiefen Sie sich hinein. Dann wollen wir versuchen, es möglichst genau zu beschreiben, gleichsam darin zu lesen und darüber ins Gespräch zu kommen.
Was sehen wir? – Wie ist der Inhalt dargestellt? – Was spricht uns an? – Was verwundert uns oder befremdet uns gar? – Schließlich können wir uns fragen: Worauf zielt der Künstler wohl? – Was hat er ausdrücken wollen? – Sind wir heute davon betroffen?

Rolf Händler: Überfahrt III – Anregungen zur Bildbetrachtung

Rolf Händler, geboren 1938, lebt in Berlin-Karow. Das 1987 entstandene Bild ist ein Ölgemälde, Größe 110/120. Der Künstler hat mehrere Bilder zur gleichen Thematik gemalt.
Der erste Eindruck des Bildes ist sehr düster und beklemmend. Das liegt zu einem großen Teil an den vom Künstler gewählten Farben. Bei der Personengruppe im Mittelteil entdecken wir zwar auch Braun und hellere Gesichtsfarben, im übrigen besteht das Bild jedoch vorwiegend aus diffusen dunklen Grau-/Grün-/Blautönen. Sie beherrschen die Seiten und den Hintergrund. Vor allem das Wasser, das die Menschen in der Mitte einschließt, ist sehr dunkel gehalten. Obwohl nicht direkt Wellen zu erkennen sind, vermittelt die expressiv gesetzte Farbe den Eindruck starker Bewegung und Bedrohung.
Im oberen Viertel etwa erscheint eine Horizontlinie. An der rechten Seite zeigt sich in der Ferne ein Stückchen freundlicher hellblauer Himmel und läßt sich auch ein schmaler Landstreifen erahnen. Aber das Dunkel auf der anderen Seite ist mächtiger; es scheint sich auszuweiten. Wasser und Himmel gehen zum Teil ineinander über. Man stellt sich die Frage: Wie lange wird es dauern, bis sich alles verfinstert hat?
Die Menschengruppe im Mittelpunkt des Bildes sprachen wir schon kurz an. Es sind acht Personen, man sieht jedoch nur Köpfe und Halbfiguren. Sie stehen/sitzen ziemlich dicht gedrängt, fast wie gestaffelt, vor dem finsteren Hintergrund. Wenn hier auch andere Farben auftauchen, so scheinen sich doch die dunklen grau/grünen Töne wie ein Schleier darüberzuziehen und jede warme Farbigkeit zu verhindern.

Von der unterschiedlichen Größe der Köpfe läßt sich vielleicht auf Erwachsene und Kinder schließen; die Gestalt in der Mitte wirkt wie eine Frau. Alle Kleidungsstücke sind nur angedeutet, ihre Farben sind trist, meist ein trübes Braun.
Ins Auge fallen vor allem die Köpfe der Menschen, obwohl auch sie relativ vage bleiben. Haare sind fast nicht gestaltet. Nur die Gesichter springen den Beschauer wie helle Flächen an. Aber auch dies ist keine freundliche Helligkeit, sondern eine fahle Blässe. Sie tritt besonders in dem grünlichen Weiß des Gesichtes ganz vorne links hervor und bei dem Kinderkopf rechts dahinter, der beinahe wie ein Totenkopf wirkt. Wo an einer Stelle ein rot/brauner Mund zu sehen ist (bei der Frau in der Mitte), bleibt er klein zusammengekniffen. Er verleiht dem Gesicht etwas fragend Skeptisches.
Erschreckend wirken vor allem auch die Augen. Es ist zum Teil schwer zu sagen, wohin sie schauen. Fast alle scheinen jedenfalls irgendwie entsetzt aufgerissen, am deutlichsten wohl bei dem Gesicht mitten im Bild. Manche erwecken aber auch fast den Eindruck leerer Augenhöhlen. Eine Ausnahme bildet das Gesicht des Kindes an der rechten Seite. Es ist weniger verstört und angstvoll. Man bringt das sofort mit der wie tröstend auf seiner Schulter liegenden Hand in Verbindung.
Außer dieser Hand sind bei drei anderen Personen Hände bzw. Arme gemalt. Zweimal – links vorn und ganz hinten – sehen wir fast die gleiche Geste der linken Hand. Sie ist leicht verkrampft etwa bis in Kinnhöhe erhoben, erstarrt in einer Bewegung, wie wir sie bei Schreck oder Angst kennen. – Die Arme der Frau in der Mitte hängen herab, die Hände sind – wie hilflos – leicht geöffnet.
Der Titel des Bildes »Überfahrt« klärt die Situation. Die Menschen befinden sich auf einem Boot zur Überfahrt. Hinweise auf dieses Schiff sind jedoch kaum auszumachen: rechts etwas wie ein Bogen, auf beiden Seiten zwei aufragende Ruder. Das Erstaunliche ist, daß sie nicht benutzt werden, sondern wie sinnlos nach oben zeigen. Zeichen von Hilflosigkeit oder Resignation? – Im Hintergrund sieht man noch ein paar helle, nicht genau definierbare Lichter.
Obwohl die Figuren relativ dicht beieinander stehen/sitzen, erscheint jede isoliert, völlig allein zu sein. Als einzige Geste der Zusammengehörigkeit deuteten wir die Hand auf der Schulter des Kindes. Auch der Kopf des anderen Kindes, der einem Totenkopf ähnelt, neigt sich der Frau in der Mitte etwas zu. Aber niemand schaut den anderen an. Mit Furcht und Entsetzen scheinen alle voraus oder um sich zu blicken.
Menschen in Angst und Verzweiflung, unterwegs auf schwankendem Boden, einem ungewissen Schicksal entgegen, umgeben von bedrohenden Mächten, das ist das Thema des Bildes. Und trotz des Zusammenrückens in der Enge des Bootes ist jeder allein mit seiner Not, seinen Ängsten, seiner Verzweiflung. Im Hintergrund noch das Licht vergangener Geborgenheit, vergangenen Glücks, aber das Dunkel ist stärker. »Überfahrt« wohin? Gibt es ein Ziel? Trägt das Boot? Trägt die

Gemeinschaft? Gibt es Hilfe? Diese bangen Fragen scheinen aus den Augen der Menschen zu sprechen.
Rolf Händler hat einmal gesagt: »Die Kunst setzt eigentlich nur Symbole, Zeichen, Andeutungen, die ihre magische Kraft in den Tiefen des menschlichen Seins empfängt. Erst der Betrachter gibt ihnen durch eigene Erfahrungen und durch seine Phantasie Leben.« Ich glaube, die Symbole, die Händler in diesem Bild benutzt, sind den meisten Menschen vertraut: das schwankende Boot, in dem man zu sitzen meint; die bedrohliche Finsternis, die einen umgibt; die Überfahrt in eine ungewisse Zukunft; die Angst, der man sich ausgeliefert fühlt. Gerade weil wir immer wieder Situationen erleben, in denen wir uns mit den Menschen auf dem Bild identifizieren können, spricht uns das Bild so elementar an.

2. Hören auf den Text. Zur Methode vgl. S. 18

Praxis

L: Jetzt kommen wir zu dem Bibeltext, der heute in unserer Mitte stehen soll. Dabei werden Sie merken, daß wir uns durch unsere Bildbetrachtung, obwohl das Bild nicht direkt etwas mit der Geschichte zu tun hat, ein Stück weit in die Situation eingelebt oder jedenfalls unsere eigenen Erfahrungen ihr angenähert haben. Um die biblische Erzählung möglichst offen wie etwas Neues aufzunehmen, wollen wir sie mit verteilten Rollen lesen: Jesus; Petrus; Erzählertexte, die von Jesus reden; Passagen, in denen es um Petrus geht; die übrigen erzählenden Teile.

3. Lebensgeschichtliche Ortung. Zur Methode vgl. S. 19

Praxis

L: Wir schieben jetzt eine kurze Phase der Meditation ein und wollen den Text mit unserer eigenen Lebensgeschichte und den darin gemachten Erfahrungen in Verbindung bringen. Drei Fragen können uns bei dieser Besinnung unterstützen:
War dieser Text schon in irgendeiner Lebenssituation für mich wichtig?
Wann hätte er wichtig werden können?
Wann hätte ich ihn vielleicht gebraucht?
Wer mag, kann anschließend etwas darüber sagen, sonst gehen wir gleich zum nächsten Schritt über.

II. Phase

1. Strukturierung des Textes. Zur Methode vgl. S. 23

Praxis

L: Ehe wir uns mit Einzelheiten des Textes befassen, wollen wir ihn in kleinere Sinnschritte zerlegen und für die einzelnen Teileinheiten Überschriften suchen.

2. Fragenkatalog. Zur Methode vgl. S. 24

Praxis

Der Fragenkatalog wird in Kleingruppen bearbeitet und im Plenum ausgewertet.

Fragenkatalog zu Matthäus 14, 22-32

1. Vergleichen Sie den Text mit Markus 6,45-52 und Johannes 6,16- 21. Was ist gleich? Wo sind Unterschiede bzw. Ergänzungen?

2. Der Anfang der Erzählung erinnert an die Geschichte von der sogenannten Sturmstillung. Beide Male ist ein Erlebnis der Jünger im Schiff auf dem See beschrieben. Die meisten Ausleger meinen, daß dies symbolhafte Geschichten sind. – Auch Ihnen ist das Bild vom Schiff als Symbol sicher vertraut. Wofür steht es? Kennen Sie Lieder oder Texte, in denen es in dieser Bedeutung vorkommt?

Im folgenden beschäftigen wir uns vor allem mit dem Erzählteil des Matthäus, der von Petrus berichtet (V 28 - 32).

3. Welche Vorstellung bringen Sie von Petrus mit? Charakterisieren Sie ihn unabhängig von dieser Geschichte. – Können Sie sich mit dem Mann identifizieren?

4. Betrachten Sie genau den Dialog zwischen Petrus und Jesus. Was veranlaßt Petrus, aus dem Boot zu steigen? – Jesu Antwort besteht nur aus einem einzigen Wort. Überlegen Sie, was alles darin steckt.

5. Stellen Sie sich vor, Petrus wäre ohne zu sinken zu Jesus gegangen. Was hätte das für sein Selbstbewußtsein und seinen Glauben bedeutet? Was für andere Notsituationen?

6. In einer buddhistischen Legende wird erzählt, daß ein Mönch, so lange er des Buddha gedenkt und in der Versenkung verharrt, ungefährdet über Wasser gehen kann, daß er jedoch sinkt, wenn seine Konzentration nachläßt. Vergleichen Sie diese Legende mit unserem Text. Worin besteht jeweils der Grund für das Wunder?

7. Goethe hat in der Geschichte ein Beispiel dafür gesehen, »daß der Mensch durch Glauben und frischen Mut in schwierigsten Unternehmen siegen werde«, jedoch bei dem »geringsten Zweifel sogleich verloren sei«. Meinen Sie, daß das den Sinn der Erzählung trifft?

8. Zunächst geht Petrus über das Wasser. Auf einmal wird ihm bewußt, daß »der Boden unter ihm schwankt«, Wind und Wasser ihn bedrohen. Er beginnt zu sinken und schreit um Hilfe. Paßt das zu dem Petrus-Bild, das Sie vorher skizziert haben? Falls sie sich unterscheiden: Mit welchem Mann können Sie sich besser identifizieren?

9. Jesus spricht zu Petrus von Kleinglauben und Zweifel. Im deutschen Wort »Zweifel« steckt der Gedanke, daß jemand nicht mehr »einfältig« auf etwas ausgerichtet ist, sondern »zweifältig« wird. Was könnte das hier bedeuten?

10. Welche Erfahrung macht Petrus in der Situation der Verzweiflung? Was bedeutet das wohl für ihn und seinen Glauben?

11. Bringen Sie die Erzählung mit folgenden Psalmstellen in Beziehung: Psalm 18,17; 69,2.3, 15-17. – Welche Zusage kann die Geschichte von Petrus in diesem Zusammenhang auch für uns enthalten? Welches Wort in ihr bekommt dann besonders tröstliche Bedeutung?

III. Phase

1. Geführte Meditation. Zur Methode vgl. S. 26

Praxis

L: Wenn wir noch einmal zurückdenken an das Bild von Rolf Händler, fällt es uns sicher nicht schwer, uns in die Situation unserer Geschichte hineinzuversetzen und uns direkt in ihr unterzubringen.
Menschen sind unterwegs. Sie haben gerade viel erlebt. Schon geht es weiter, sie müssen nur an die andere Seite des Sees. Das Schiff gleitet dahin; Sonnenschein und Wolken wechseln sich ab. Völlig selbstverständlich nehmen sie alles hin.

Aber dunkle Wolkenbänke bauen sich auf, der Himmel verdunkelt sich. Wind entsteht und steigert sich zum Sturm. Er wühlt das Wasser bedrohlich auf.

Was sollen sie tun? Wohin sollen sie sich ausrichten?

Immer höher schlagen die Wellen, türmen die Schwierigkeiten sich auf. Angst und Verzweiflung greifen nach ihnen. Wie soll es weitergehen? Alles ist ins Wanken geraten, droht sie hinabzureißen in die Tiefe. Sie wissen nicht mehr aus noch ein.

Aber Jesus ist da, obwohl sie seine Nähe zunächst nicht begreifen, ihn nicht erkennen.

Nur Petrus, einer von ihnen, verläßt sich darauf.

Und er erlebt, daß Jesus ihm etwas zutraut. Ja, Jesus tut zunächst selbst gar nichts. Komm! sagt er nur. Schau nicht entsetzt und wie gelähmt auf die Wellen und den Sturm. Komm und stürze dich mitten hinein in das, was dich zu verschlingen droht. Du kannst auf dem Wasser gehen. Du kannst mehr schaffen, als du denkst. Geh los, mach den Schritt!
Du bekommst die Kraft, wenn ich es dir sage. Schau nicht auf das, was unter dir ins Wanken geraten ist, auf das, was nicht mehr zu tragen scheint. Komm! Geh weiter! Ich traue es dir zu.

Und Petrus geht los. Er vertraut diesem Wort.

Aber wieder kehrt die Angst zurück. Wenn ich nun versage? Wenn die Wellen zu hoch werden, das Chaos mich umgibt, der Boden schwankt, die Kraft mich verläßt?
Da kann er nur noch schreien: Ich schaffe es nicht. Ich kann nicht mehr. Du hast mir zu viel zugetraut. Herr, ich versinke!

Die Antwort: Verlaß dich darauf. Hier ist meine Hand. Du siehst sie vielleicht in deiner Angst noch nicht. Aber ich habe sie dir entgegengestreckt, sofort. Ergreife sie. Ich bin da, ich halte dich. Du kannst nicht versinken. Verlaß dich darauf.

2. Gestaltung: Malen mit Fingerfarben. Zur Methode vgl. S. 30

Praxis

L: Sicher haben wir uns an irgendeiner Stelle dieser Erzählung mit unserer eigenen Geschichte oder unserer augenblicklichen Situation einbringen können.
Vielleicht haben wir uns gesehen in der Lage der Jünger im Schiff, umgeben von Sturm und Wellen. Oder aber wir haben uns ansprechen lassen von dem »Komm!«, diesem Wort, das uns Mut macht und sagt, daß Gott uns mit Kraft begabt hat, die wir selbst uns vielleicht gar nicht zutrauen. Oder wir haben uns trösten lassen von der Zusage, die in dem Bild steckt: Jesus streckte sofort seine Hand aus.
Ganz gleich, wo auch immer wir uns ansiedeln können, wir wollen jetzt versuchen, unsere Gefühle, unsere Erfahrungen oder Hoffnungen ins Bild zu setzen. Das klingt für Sie vielleicht schwierig oder anspruchsvoll, ist aber sehr einfach gemeint. Wir wollen ja keine Kunstwerke schaffen. Bringen Sie einfach in Farben

zum Ausdruck, was Sie im Zusammenhang mit dieser Geschichte fühlen oder erfahren haben. Wichtig ist nicht das Ergebnis, sondern daß wir unsere Ängste, Unsicherheiten, Hoffnungen oder auch Ermutigung und Freude gleichsam heraus-malen.
Wer Lust hat, kann anschließend über seine Erfahrungen beim Malen oder auch über sein Bild sprechen. Aber das bleibt jedem selbst überlassen. Zu den Bildern anderer wollen wir uns nicht äußern, außer es kommt auf Anregung dessen, der gemalt hat, zum Gespräch.
Zum Malen liegen große Bögen und Fingerfarben bereit.

Was habe ich vergraben?

Matthäus 25, 14 - 30

14 Es ist wie mit einem Mann, der auf Reisen ging: Er rief seine Diener
und vertraute ihnen sein Vermögen an. 15 Dem einen gab er fünf Talente
Silbergeld, einem anderen zwei, wieder einem anderen eines, jedem
nach seinen Fähigkeiten. Dann reiste er ab. 16 Sofort begann der Diener,
der fünf Talente erhalten hatte, mit ihnen zu wirtschaften, und er gewann
noch fünf dazu. 17 Ebenso gewann der, der zwei erhalten hatte, noch
zwei dazu. 18 Der aber, der das eine Talent erhalten hatte, ging und grub
ein Loch in die Erde und versteckte das Geld seines Herrn. 19 Nach
langer Zeit kehrte der Herr zurück, um von den Dienern Rechenschaft
zu verlangen. 20 Da kam der, der die fünf Talente erhalten hatte, brachte
fünf weitere und sagte: Herr, fünf Talente hast du mir gegeben; sieh her,
ich habe noch fünf dazugewonnen. 21 Sein Herr sagte zu ihm: Sehr gut,
du bist ein tüchtiger und treuer Diener. Du bist im Kleinen ein treuer
Verwalter gewesen, ich will dir eine große Aufgabe übertragen. Komm,
nimm teil an der Freude deines Herrn! 22 Dann kam der Diener, der zwei
Talente erhalten hatte, und sagte: Herr, du hast mir zwei Talente gege-
ben; sieh her, ich habe noch zwei dazugewonnen. 23 Sein Herr sagte zu
ihm: Sehr gut, du bist ein tüchtiger und treuer Diener. Du bist im Kleinen
ein treuer Verwalter gewesen, ich will dir eine große Aufgabe übertra-
gen. Komm, nimm teil an der Freude deines Herrn! 24 Zuletzt kam auch
der Diener, der das eine Talent erhalten hatte, und sagte: Herr, ich wußte,
daß du ein strenger Mann bist; du erntest, wo du nicht gesät hast, und
sammelst, wo du nicht ausgestreut hast; 25 weil ich Angst hatte, habe
ich dein Geld in der Erde versteckt. Hier hast du es wieder. 26 Sein Herr
antwortete ihm: Du bist ein schlechter und fauler Diener! Du hast doch

gewußt, daß ich ernte, wo ich nicht gesät habe, und sammle, wo ich nicht ausgestreut habe. 27 Hättest du mein Geld wenigstens auf die Bank gebracht, dann hätte ich es bei meiner Rückkehr mit Zinsen zurückerhalten. 28 Darum nehmt ihm das Talent weg und gebt es dem, der die zehn Talente hat! 29 Denn wer hat, dem wird gegeben, und er wird im Überfluß haben; wer aber nicht hat, dem wird auch noch weggenommen, was er hat. 30 Werft den nichtsnutzigen Diener hinaus in die äußerste Finsternis! Dort wird er heulen und mit den Zähnen knirschen.

I. Phase

1. Hören auf den Text. Zur Methode vgl. S. 18

Praxis

Lesen des Textes mit verteilten Rollen.

2. Interaktionales Schreiben. Zur Methode vgl. S. 20

Praxis

L: Wir gehen jetzt in Kleingruppen auseinander. Jeder erhält ein Blatt Papier und einen Stift und schreibt ganz spontan einen Gedanken, einen Einwand oder eine Frage zu dem Text auf. Der Zettel wird weitergegeben, der nächste äußert sich zur ersten Aussage und reicht den Zettel wieder weiter. So machen alle Zettel ein- oder auch zweimal die Runde, und auf jedem entwickelt sich ein Gespräch zur Ausgangsbemerkung.
Im Plenum sollten wir hinterher vielleicht kurz berichten, welche Fragen unsere Gruppe beschäftigt haben.

3. Titelspiel. Zur Methode vgl. S. 22

Praxis

L: Stellen Sie sich vor, unser Text sollte in einer Zeitung abgedruckt werden. Ihre Aufgabe wäre es, dazu einen passenden und attraktiven Titel zu finden, der anregt und dem Inhalt gerecht wird.

Ich habe für Sie eine Auswahl von Überschriften vorbereitet, die Sie nun bitte in Kleingruppen diskutieren und zensieren sollen. Überlegen Sie, welchen Titel Ihre Gruppe empfehlen möchte und begründen Sie im Plenum Ihren Vorschlag. – Falls Ihnen keiner zusagt, können Sie auch eine eigene Überschrift formulieren.

Titelvorschläge

Erfolg ist alles

Wohl dem, der gut wirtschaften kann!

Wer nicht wagt, der nicht gewinnt

Wer hat, dem wird gegeben; wer wenig hat, dem wird alles genommen

Gottesreich mit Geschäftsgebaren

Mut zum Risiko

Ein ungerechter Herr

Die Angst des Schwachen vor seiner Schwachheit

Was ich verstecke, kann mir keiner nehmen

II. Phase

1. Fragenkatalog. Zur Methode vgl. S. 24

Praxis

Bearbeitung des Fragenkatalogs in Kleingruppen, anschließende Auswertung im Plenum.

Fragenkatalog zu Matthäus 25, 14-30

1. Vergleichen sie den Text mit der Parallelstelle Lukas 19,12- 27.
a) Der Grundkern des Gleichnisses ist gleich. Welcher Erzählzug ist bei Lukas neu? – Er scheint nicht ganz hineinzupassen. Man nimmt an, daß es sich um eine spätere Hinzufügung handelt. b) Welche Züge des Gleichnisses erscheinen Ihnen authentischer? Drei oder zehn Knechte? Der größere oder der kleinere Geldbetrag? Gleiche oder ungleiche Anteile? Der Herr als Kaufmann oder als König?

Zur Information: Das Talent (griechisch: talanton) war ursprünglich ein Zahlungsmittel, und zwar das höchste. Es entsprach etwa 6000 Denaren. Als kleine Vorstellungshilfe: Das jährliche Einkommen des Königs Herodes betrug z.B. 900 Talente. Die Summe, die der Herr hier im Gleichnis den Dienern übergibt, ist also sehr hoch.

2. Beachten Sie, woher die Knechte ihr »Ausgangsmaterial« bekommen. Überlegen Sie, warum Matthäus hier wohl eine Abstufung einbringt. Wonach richtet sie sich?

3. Ist aus dem Text des Gleichnisses zu entnehmen, was mit den Talenten im übertragenen Sinn gemeint ist? Überlegen Sie in dem Zusammenhang, was mit dem »es« in Vers 13 gemeint sein kann. Sehen Sie sich dazu die vorangehenden Texte an.

4. Was bedeutet es wohl für die Diener, daß der Herr erst nach so langer Zeit zurückkehrt?

5. Welche Auffassung haben die beiden ersten Knechte anscheinend von ihrem Herrn, die es ihnen ermöglicht, das Wagnis einzugehen?

6. Welche Auffassung hat der dritte Diener? Wie reagiert der Herr darauf? Stimmt er ihr zu?

7. Welche Auffassung entspricht Ihrer Vorstellung von Gott? Mit welchem der Diener können Sie sich eher identifizieren?

8. Wie wirkt das Verhalten des Herrn auf Ihre Selbsteinschätzung? Hätten Sie das Gefühl, daß der Herr mit Ihnen zufrieden sein könnte?

2. Erarbeitung von schriftlichem Informationsmaterial. Zur Methode vgl. S. 24

Praxis

L: Im Fragenkatalog hatten wir festgestellt, daß die Bedeutung des Wortes »Talent« nicht eindeutig ist. Wir wollen uns jetzt noch einmal damit auseinandersetzen.

Der Begriff »Talent« hat einen großen Bedeutungswandel durchgemacht. Die ursprüngliche Bedeutung ist fast in Vergessenheit geraten. Wenn wir heute im landläufigen Sinn von Talent sprechen, denken wir an besondere Fähigkeiten, die sich vor allem auf künstlerischem, wissenschaftlichem oder sportlichem Gebiet zeigen. Wir benutzen dafür häufig auch das Wort Begabung. Doch auch dieser Begriff »Begabung« oder »Gabe« kann sehr unterschiedlich verstanden werden.

Ich habe zwei Informationstexte vorbereitet, aus denen sich jeweils eine andere Auffassung von »Talenten/Gaben« entnehmen läßt. Ich bitte Sie, sich in zwei Gruppen mit je einem der Texte zu beschäftigen, darüber auszutauschen und im Plenum über den spezifischen Ansatz – auch im Gegenüber zur landläufigen Vorstellung – zu berichten.

Text 1: »Talente« – Die Gnadengaben nach dem Neuen Testament

Der Begriff Talent aus unserem Gleichnis ist häufig auf das bezogen worden, was Paulus in seinen Briefen Gnadengaben (Charismen) nennt. Er äußert sich mehrfach dazu. Zwei Beispiele:
In Römer 12, 6-8 heißt es: Wir haben unterschiedliche Gaben, je nach der uns verliehenen Gnade. Hat einer die Gabe prophetischer Rede, dann rede er in Übereinstimmung mit dem Glauben; hat einer die Gabe des Dienens, dann diene er. Wer zum Lehren berufen ist, der lehre; wer zum Trösten und Ermahnen berufen ist, der tröste und ermahne. Wer gibt, gebe ohne Hintergedanken; wer Vorsteher ist, setze sich eifrig ein; wer Barmherzigkeit übt, der tue es freudig.
Und in 1 Korinther 12, 27-30 schreibt Paulus: Ihr aber seid der Leib Christi, und jeder einzelne ist ein Glied an ihm. So hat Gott in der Kirche die einen als Apostel eingesetzt, die andern als Propheten, die dritten als Lehrer; ferner verlieh er die Kraft, Wunder zu tun, sodann die Gaben, Krankheiten zu heilen, zu helfen, zu leiten, endlich die verschiedenen Arten von Zungenrede. Sind etwa alle Apostel, alle Propheten, alle Lehrer? Haben alle die Kraft, Wunder zu tun? Besitzen alle die Gabe, Krankheiten zu heilen? Reden alle in Zungen? Können alle solches Reden auslegen?

1. Welche Gnadengaben nennt Paulus?
2. Bewertet er sie?
3. Welche Funktion haben die Gnadengaben?
4. Welche Kriterien nennt Paulus zu ihrem Gebrauch?
5. Wie schätzen Sie die genannten Gaben ein?

Text 2: Ohne die andere Hälfte geht es nicht

Die Hirnphysiologie hat erkannt, daß unsere beiden Gehirnhälften sehr unterschiedliche Aufgaben erfüllen.
Die *linke* Hemisphäre des Gehirns, die die rechte Körperseite steuert, ist normalerweise auf zeitliche und kausale Zusammenhänge, auf Sprache, Logik, Analyse und verbales Verhalten spezialisiert. Sie ist zuständig für mathe-

matische Probleme, Grammatik, Benennungen, abstraktes Denken, Verarbeitung von Informationen in planvoller Reihenfolge.
Die *rechte* Hemisphäre, die die linke Körperhälfte steuert, ist zuständig für räumliche Beziehungen, Gestalten, die Zusammenschau größerer Einheiten und die Erfassung von Bedeutungen. Sie erkennt Umrisse, Größenordnungen, Strukturen, Farben. Sie ist vor allem auch aktiv beim Meditieren, Träumen, Phantasieren und Gestalten. Sie verarbeitet Informationen und Wahrnehmungen ganzheitlich. Beide Hirnhälften funktionieren in einem außerordentlich komplexen Zusammenspiel und ergänzen sich gegenseitig.
Häufig wird durch Erziehung eine Hirnhälfte bevorzugt aktiviert, so daß der Zugang zur anderen erschwert wird oder nur unbewußt möglich ist. Die Überspezialisierung einer Hirnhälfte führt zu innerer Gespaltenheit und zum Verlust ganzer Bereiche und Möglichkeiten des Menschseins.

1. Was könnte man nach Meinung der Hirnphysiologie als Talente/Gaben bezeichnen?

2. Vergleichen Sie mit der landläufigen Vorstellung!

3. Welche Hirnhälfte wird nach Ihrer Meinung in unserer westlichen Welt im allgemeinen höher bewertet und stärker ausgebildet?

4. Wie empfinden Sie das Verhältnis der beiden Hälften bei sich persönlich?

III. Phase

1. Auseinandersetzung mit dem Text im Spiel. Zur Methode vgl. S. 28

Praxis

L: Wir haben bei der Beschäftigung mit dem Text festgestellt, daß er uns allerlei Schwierigkeiten macht und auch Widerspruch hervorruft. Diesen wollen wir jetzt ganz bewußt aufnehmen und im Spiel artikulieren.
Wir wollen das Gleichnis zum Ausgangspunkt nehmen, es teilweise nachspielen, aber dann weiterspielen, indem wir es zu Auseinandersetzungen zwischen den beteiligten Personen kommen lassen. Wir setzen dort ein, wo der Herr zurückkommt und Rechenschaft fordert. Spielen Sie also zunächst nach, was Sie im Text vorfinden, lassen Sie dann den/die Diener in ein Streitgespräch mit dem Herrn eintreten. – Wir teilen uns dazu in Kleingruppen auf und können uns anschließend unsere kleinen Szenen vorspielen. Wichtig ist, daß wir über das, was sich im Spiel ergibt, in der Gruppe und im Plenum sprechen.

2. Gestalten: Malen mit Fingerfarben. Zur Methode vgl. S. 30

Praxis

L: Wir haben uns im Spiel sehr ausführlich mit dem Verhalten der Diener und des Herrn auseinandergesetzt. Jetzt wollen wir noch einmal an das denken, was wir über die unterschiedlichen Vorstellungen von Gaben oder Talenten gehört haben: Gaben als Teile meines Selbst, die mir als Möglichkeiten gegeben sind, die ich nützen oder vernachlässigen kann.
Ich möchte Sie bitten, jetzt über die in Ihnen verlorengegangenen Teile Ihres Selbst zu meditieren. Graben Sie gleichsam in die Tiefe, versuchen Sie, sie zu finden und in Ihre Person zu integrieren. Fragen Sie sich: Was habe ich vergraben? Warum habe ich es vergraben? Was würde es bedeuten, was würde sich ändern, wenn ich es wieder ausgrabe?
Dann nehmen Sie sich bitte Fingerfarben und Papier und versuchen Sie, Ihr vergrabenes Talent bzw. Ihre Talente zu gestalten. Wer Lust hat kann nachher ein wenig über sein Bild sprechen. Denken Sie bitte daran, daß das Ergebnis beim Malen eigentlich nicht wichtig ist, sondern der Prozeß, das Gestalten selbst.

Ergänzungstext – Josef Osterwalder: Mit und ohne Talent

Da mußte der Gutsherr plötzlich noch einmal auf Reisen gehen, und alles geschah wie beim ersten Mal:
Einer erhielt zehn Talente, einer fünf. Die meisten Bewohner erhielten diesmal ein Talent. Alle wußten, wie beim ersten Mal die Abrechnung ausgefallen war. Sie hatten daraus gelernt.
Da gab es keinen mehr, der sein Talent vergraben hätte. Jeder gab sich Mühe, es möglichst gut und gewinnbringend anzulegen, Profite herauszuholen, der Konkurrenz Aufträge abzujagen. Es wurde exportiert, expandiert, Fabriken schossen aus dem Boden, Gesellschaften wurden gegründet, Werkhallen gebaut, Fremdarbeiter hergeschafft. Natürlich hielten nicht alle das Tempo durch, einige überschätzten sich und mußten an den Meistbietenden verkaufen. Aber das war für den Gang der Wirtschaft nur gut, sie konzentrierte sich und wurde kräftig.
Einer blieb bei der Talentverteilung unberücksichtigt. Verständlich, niemand hätte dieser trottelhaften Gestalt auch nur ein Talent anvertraut. Als er bei der Talentausgabe übergangen wurde, verzog er sein Gesicht; er wußte gar nicht, wie komisch das war, merkte es erst, als alle schallend zu lachen begannen. Dieses Gesicht behielt er. Er schnitt Grimassen, äffte die Erfolgreichen nach, und wenn er dafür in den Hintern getreten wurde, wackelte er mit den Ohren. Einmal war er als Laufbursche beschäftigt, wurde aber bald wieder gefeuert. Bei jeder weiteren

Bewerbung wurde das gleiche festgestellt: Dem Mann fehlt jegliches Talent. Je mehr die Wirtschaft blühte, um so weniger war der Mann ohne Talent am Platz. Wenn sein Anblick zuerst noch einige Erwachsene zum Lachen reizte, waren es bald nur noch die Kinder, die ihm nachliefen und ihre Freude an ihm hatten. Sie brachten ihm ihre Brote mit, ernährten ihn. Aber dann wurden in der Stadt weitere Fortschritte erzielt. Die Schule wurde ausgebaut, erfaßte die Kinder nun ganzheitlich und hielt sie von der Straße fern. Polizisten hielten auf Sauberkeit. Der Grimassenschneider wurde in eine Heilanstalt gesteckt.

Da kam der Gutsherr zurück. Von weitem schlug ihm der Rauch der Fabriken entgegen, auf dem Fluß trieben tote Fische, ihre weißen Bäuche spielten wie Irrlichter auf dem Wasser, ein säuerlicher Gasgeruch schwebte in der Luft. Wieder wurde Rechenschaft verlangt. Diese sah glänzend aus. Der zehn Talente empfangen hatte, brachte einen multinationalen Konzern, der mit fünf Talenten eine Hotelkette und eine Holding-Gesellschaft, die mit dem einen Talent zeigten stolz die Anlagen, die sie gebaut hatten.

Gespannt warteten sie auf das Urteil des Herrn. Der sah sie an, sah ihre verbissenen Gesichter, las die Spuren von Herzinfarkt und stellte die unerwartete Frage: Wieviel mal habt ihr in meiner Abwesenheit gelacht? Zum Lachen hatten sie keine Zeit gehabt. Das hatte man dem Grimassenschneider überlassen. Also wurde er hergebracht. Der kam, verzog sein Gesicht. Die Kinder, die ihn lange nicht mehr gesehen hatten, umringten ihn. Der Grimassenschneider aber zog seine Flöte aus der Tasche und begann, in langen Tanzschritten davonzuziehen, mitten in einem Schwarm von Kindern, der immer größer wurde. Er tanzte durch die Werkhallen, durch Fabriken. Die Gastarbeiter schlossen sich an. Immer unwiderstehlicher wurde der Zwang der Flöte. Frauen traten hinzu, schließlich die übermäßig mit Talenten Befrachteten, endlich auch die Herzinfarktkandidaten. Eine Woche lang wurde ein Fest gefeiert, wie man es noch nie gesehen hatte. Die Fabriken blieben geschlossen, die Motoren abgestellt. Nach einer Woche fand man im Bach einen lebendigen Fisch.

Manchmal fühle ich mich wie gelähmt

Markus 2, 1 - 12

1 Als er einige Tage später nach Kafarnaum zurückkam, wurde bekannt,
daß er (wieder) zu Hause war. 2 Und es versammelten sich so viele
Menschen, daß nicht einmal mehr vor der Tür Platz war; und er verkün-
dete ihnen das Wort. 3 Da brachte man einen Gelähmten zu ihm; er
wurde von vier Männern getragen. 4 Weil sie ihn aber wegen der vielen
Leute nicht bis zu Jesus bringen konnten, deckten sie dort, wo Jesus war,
das Dach ab, schlugen (die Decke) durch und ließen den Gelähmten auf
seiner Tragbahre durch die Öffnung hinab. 5 Als Jesus ihren Glauben
sah, sagte er zu dem Gelähmten: Mein Sohn, deine Sünden sind dir
vergeben! 6 Einige Schriftgelehrte aber, die dort saßen, dachten im stil-
len: 7 Wie kann dieser Mensch so reden? Er lästert Gott. Wer kann
Sünden vergeben außer dem einen Gott? 8 Jesus erkannte sofort, was sie
dachten, und sagte zu ihnen: Was für Gedanken habt ihr im Herzen? 9
Ist es leichter, zu dem Gelähmten zu sagen: Deine Sünden sind dir
vergeben!, oder zu sagen: Steh auf, nimm deine Tragbahre, und geh
umher? 10 Ihr sollt aber erkennen, daß der Menschensohn die Voll-
macht hat, hier auf der Erde Sünden zu vergeben. Und er sagte zu dem
Gelähmten: 11 Ich sage dir: Steh auf, nimm deine Tragbahre, und geh
nach Hause! 12 Der Mann stand sofort auf, nahm seine Tragbahre und
ging vor aller Augen weg. Da gerieten alle außer sich; sie priesen Gott
und sagten: So etwas haben wir noch nie gesehen.

I. Phase

1. Hören auf den Text. Zur Methode vgl. S. 18

Praxis

Der Text wird mit verteilten Rollen gelesen.

2. Einfühlübung. Zur Methode vgl. S. 20

Praxis

L: Wir alle kennen behinderte Menschen, vielleicht in der Nachbarschaft, im Beruf oder auch in der eigenen Familie. Ich zeige Ihnen jetzt zwei Bilder von Körperbehinderten im Rollstuhl. Wir wollen uns eine Weile in die Bilder vertiefen und dabei versuchen, uns in die Lage eines solchen Rollstuhlfahrers zu versetzen, ja, mehr noch, uns mit ihm zu identifizieren: Das bin ja ich.
Nach einer Einfühlphase wollen wir dann das Tagebuch eines Behinderten schreiben, d.h. einen Tagesablauf, wie wir ihn in Gedanken als Rollstuhlfahrer erleben. Anschließend wollen wir uns unsere Texte vorlesen und uns über unsere Gefühle beim Schreiben und Hören austauschen.

II. Phase

1. Textvergleich. Zur Methode vgl. S. 23

Praxis

Die Erzählung von der Heilung des Gelähmten liegt – in den drei Versionen der Evangelien parallel abgedruckt – bereit; außerdem Fragen, die zur Auseinandersetzung mit den Parallelstellen anregen.

Textvergleich

Mt 9, 1-8	**Mk 2, 1-12**	**Lk 5,17-26**
1 Jesus stieg in das Boot, fuhr über den See und kam in seine Stadt.	1 Als er einige Tage später nach Kafarnaum zurückkam, wurde bekannt, daß er (wieder) zu Hause war.	
	2Und es versammelten sich so viele Menschen, daß nicht einmal mehr vor der Tür Platz war; und er verkündete ihnen das Wort.	17 Eines Tages, als Jesus wieder lehrte, saßen unter den Zuhörern auch Pharisäer und Gesetzeslehrer; sie waren aus allen Dörfern Galiläas und Judäas und aus Jerusalem gekommen. Und die Kraft des Herrn drängte ihn dazu, zu heilen.
2 Da brachte man auf einer Tragbahre einen Gelähmten zu ihm.	3 Da brachte man einen Gelähmten zu ihm; er wurde von vier Männern getragen.	18 Da brachten einige Männer einen Gelähmten auf einer Tragbahre. Sie wollten ihn ins Haus bringen und vor Jesus hinlegen.
	4 Weil sie ihn aber wegen der vielen Leute nicht bis zu Jesus bringen konnten, deckten sie dort, wo Jesus war, das Dach ab, schlugen (die Decke) durch und ließen den Gelähmten auf seiner Tragbahre durch die Öffnung hinab.	19Weil es ihnen aber wegen der vielen Leute nicht möglich war, ihn hineinzubringen, stiegen sie aufs Dach, deckten die Ziegel ab und ließen ihn auf seiner Tragbahre in die Mitte des Raumes hinunter, genau vor Jesus hin.
Als Jesus ihren Glauben sah, sagte er zu dem Gelähmten: Hab Vertrauen, mein Sohn, deine Sünden sind dir vergeben!	5 Als Jesus ihren Glauben sah, sagte er zu dem Gelähmten: Mein Sohn, deine Sünden sind dir vergeben!	20 Als er ihren Glauben sah, sagte er zu dem Mann: Deine Sünden sind dir vergeben.
3 Da dachten einige Schriftgelehrte: Er lästert Gott.	6 Einige Schriftgelehrte aber, die dort saßen, dachten im stillen: 7 Wie kann dieser Mensch so reden? Er lästert Gott. Wer kann Sünden vergeben außer Gott?	21 Da dachten die Schriftgelehrten und Pharisäer: Wer ist das, daß er eine solche Gotteslästerung wagt? Wer außer Gott kann Sünden vergeben?

Mt 9, 1-8	Mk 2, 1-12	Lk 5,17-26
4 Jesus wußte, was sie dachten, und sagte: Warum habt ihr so böse Gedanken im Herzen?	8 Jesus erkannte sofort, was sie dachten, und sagte zu ihnen: Was für Gedanken habt ihr im Herzen?	22 Jesus aber merkte, was sie dachten, und sagte zu ihnen: Was habt ihr für Gedanken im Herzen?
5 Was ist leichter, zu sagen: Deine Sünden sind dir vergeben!, oder zu sagen: Steh auf und geh umher!	9 Ist es leichter, zu dem Gelähmten zu sagen: Deine Sünden sind dir vergeben!, oder zu sagen: Steh auf, nimm deine Tragbahre, und geh umher?	23 Was ist leichter, zu sagen: Deine Sünden sind dir vergeben! oder zu sagen: Steh auf und geh umher?
6 Ihr sollt aber erkennen, daß der Menschensohn die Vollmacht hat, hier auf der Erde Sünden zu vergeben. Darauf sagte er zu dem Gelähmten: Steh auf, nimm deine Tragbahre, und geh nach Hause!	10 Ihr sollt aber erkennen, daß der Menschensohn die Vollmacht hat, hier auf der Erde Sünden zu vergeben. Und er sagte zu dem Gelähmten: 11 Ich sage dir: Steh auf, nimm deine Tragbahre, und geh nach Hause!	24 Ihr sollt aber erkennen, daß der Menschensohn die Vollmacht hat, hier auf der Erde Sünden zu vergeben. Und er sagte zu dem Gelähmten: Steh auf, nimm deine Tragbahre, und geh nach Hause!
7 Und der Mann stand auf und ging hinaus.	12 Der Mann stand sofort auf, nahm seine Tragbahre und ging vor aller Augen weg.	25 Im gleichen Augenblick stand der Mann vor aller Augen auf. Er nahm die Tragbahre, auf der er gelegen hatte, und ging heim
8 Als die Leute das sahen, erschraken sie und priesen Gott, der den Menschen solche Vollmacht gegeben hat.	Da gerieten alle außer sich; sie priesen Gott und sagten: So etwas haben wir noch nie gesehen.	26 Da gerieten alle außer sich; sie priesen Gott und sagten voller Furcht: Heute haben wir etwas Unglaubliches gesehen.

Hilfen zum Textvergleich

Vergleichen Sie die drei Erzählungen miteinander. Welche Unterschiede stellen Sie fest?

Wie kommt es nach Ihrer Meinung, daß Matthäus nichts von den vier Männern und ihren Hilfeleistungen sagt?

Worin unterscheidet sich der Schluß bei Matthäus von den anderen? Welche Wendung verwundert uns darin?

Was erscheint Ihnen als das Besondere an allen drei Texten gegenüber vielen anderen Heilungsgeschichten?

2. Fragenkatalog. Zur Methode vgl. S. 24

Praxis

Der Fragenkatalog wird in Kleingruppen bearbeitet und anschließend im Plenum ausgewertet.

Fragenkatalog zu Markus 2, 1 - 12

1. Zu welchem Zweck bringen die Freunde den Gelähmten zu Jesus? Welche Haltung kann man aus ihrem Verhalten ablesen?

2. Was erfahren wir über die Einstellung des Kranken?

3. Was hat Jesus »gesehen«, als er von ihrem »Glauben« sprach? Was erfordert es, um zu solchem Glauben zu kommen? Entspricht das dem, was Sie unter Glauben verstehen?

4. Alle erwarten, daß Jesus den Gelähmten heilt. Versetzen Sie sich nacheinander in die Lage der beteiligten Personen. Was denken sie, als Jesus zunächst sagt: »Dir sind deine Sünden vergeben.«?

Der Gelähmte:

Die Helfer:

Die Jünger:

Die Zuschauer:

Die Schriftgelehrten:

5. Was bedeutet es, daß Jesus die Sünden vergibt *und* heilt?

6. Der Geheilte hätte einfach hinausgehen können. Was steckt in den Worten Jesu: »Nimm deine Tragbahre!«?

III. Phase

1. Gestaltung: Malen mit Fingerfarben. Zur Methode vgl. S. 30

Praxis

L: Wir haben in der ersten Phase versucht, uns in die Rolle eines Behinderten zu versetzen. Dann haben wir die Geschichte von der Heilung des Gelähmten bedacht. Aber – was hat das mit uns zu tun? Ich sitze nicht im Rollstuhl, bin nicht gelähmt.
Ich denke, wir alle kennen aber andere Situationen – wenn sie auch nicht direkt vergleichbar sind. Wie oft haben wir schon gedacht: »Heute fühle ich mich wie gelähmt.« Ich möchte das an einem Beispiel erläutern (am besten ein eigenes Beispiel kurz andeuten). Sicher haben Sie schon ähnliche Erfahrungen gemacht. Denken Sie an solche Situationen zurück, und versuchen Sie dann, Ihre Gefühle in dieser Lage mit Fingerfarben auszudrücken.

2. Schreibmeditation. Zur Methode vgl. S. 26

Praxis

L: Ehe wir uns im Plenum ein wenig mit unseren Bildern beschäftigen, möchte ich Sie bitten, sich noch einmal selbst in Ihr Bild zu vertiefen und sich mit ihm auseinanderzusetzen. Das Thema unseres Bildes hieß: Manchmal fühle ich mich wie gelähmt. Wir haben also unsere negativen Gefühle von Bedrückung, Verzweiflung, Angst und Ausweglosigkeit in Farben und Formen dargestellt. Wenn wir an die Geschichte vom Gelähmten denken, mit der wir uns jetzt beschäftigt haben, so geht es da um Heilung, um Heilung durch Jesus. Und diese Heilung hat er uns auch zugesagt. – Aber es sind noch andere am Geschehen beteiligt, nämlich die vier Helfer. Wer sind diese vier? Wer sind sie, wenn wir an unser Gelähmtsein denken? Sind es äußere oder innere Helfer? Oder wer könnte uns helfen? Welche Hilfe wäre nötig? – Ich möchte Sie bitten, über diese Fragen im Gegenüber mit Ihrem Bild zu meditieren und sich zu überlegen, welche Helfer oder Hilfe Sie benötigen. Wo ist oder sind sie vielleicht in Ihnen oder in Ihrer Umgebung vorhanden, ohne daß Sie sie kennen oder erhoffen. Schreiben Sie Ihre Gedanken und Wünsche auf. Das kann eventuell die Form eines Briefes oder eines Gebets bekommen oder auch nur eines Selbstgesprächs.
Anschließend wollen wir uns – wer mag – über unsere Bilder und unsere Gedanken der Meditation austauschen. Vielleicht können wir uns dann auch gegenseitig ein wenig zu »Helfern« werden.

Sein wie ein Kind

Markus 10, 13 - 16

13 Da brachte man Kinder zu ihm, damit er ihnen die Hände auflegte.
Die Jünger aber wiesen die Leute schroff ab. 14 Als Jesus das sah, wurde
er unwillig und sagte zu ihnen: Laßt die Kinder zu mir kommen; hindert
sie nicht daran! Denn Menschen wie ihnen gehört das Reich Gottes. 15
Amen, das sage ich euch: Wer das Reich Gottes nicht so annimmt, wie
ein Kind, der wird nicht hineinkommen. 16 Und er nahm die Kinder in
seine Arme; dann legte er ihnen die Hände auf und segnete sie.

I. Phase

1. Hören auf den Text. Zur Methode vgl. S. 18

Praxis

Der Text wird vorgelesen.

2. Assoziationen. Zur Methode vgl. S. 19

Praxis

L: Ich habe drei Fragen aufgeschrieben, zu denen wir in Gruppen Assoziationen sammeln wollen. Sie können sie alle drei bearbeiten oder sich für eine entscheiden. Es wäre gut, wenn wir die Assoziationen schriftlich fixieren und dann etwas gliedern könnten, um später im Plenum zu berichten.

Fragen für die Assoziationen

1. Was empfinde ich, wenn ich an meine eigene Kindheit denke?

2. Was empfinde ich, wenn Jesus in der Geschichte das Kind als Vorbild hinstellt?

3. Was empfinde ich, wenn ich als »Kind Gottes« bezeichnet werde?

II. Phase

1. Fragenkatalog. Zur Methode vgl. S. 24

Praxis

Der Fragebogen wird in Kleingruppen bearbeitet und anschließend im Plenum ausgewertet.

Fragenkatalog zu Markus 10, 13 - 16

1. Vergleichen Sie unseren Text mit den Parallelstellen Matthäus 19, 13-15 und Lukas 18, 15-17. Gibt es Unterschiede? Welche?

2. Was wird darüber ausgesagt, wer die Kinder bringt? Stimmt das mit Ihren eigenen Vorstellungen überein?

3. Was bedeuten wohl die Worte: »...er soll ihnen die Hände auflegen...«?

4. Warum weisen die Jünger die Kinder zurück? Sagt der Text etwas darüber aus? Welche Vermutungen legen sich nahe?

5. Lesen Sie Sirach 30, 1-13. Was erfahren Sie über das Verhältnis zu Kindern in Israel?

6. Zur Zeit Jesu galten die Kinder nicht viel, denn sie hatten noch keine Verdienste in der Tora und vor Gott erworben. Was bedeutet es auf diesem Hintergrund, wenn Jesus den Kindern zusagt, daß ihnen das Reich Gottes offensteht?

7. Ziehen Sie den Text Markus 9, 33-37 und die Parallelstellen hinzu. In welchem Zusammenhang stellt Jesus hier das Kind in die Mitte?

8. Was bedeutet unter dieser Perspektive »werden wie ein Kind«?

9. Schreiben Sie eine Gegenüberstellung:
   So ist ein Kind *So ist ein Erwachsener*

2. Identifizierende Erschließung: Nacherzählung aus der Sicht eines Beteiligten. Zur Methode vgl. S. 24f.

Praxis

L: Lesen Sie die Geschichte jetzt noch einmal in Ruhe durch, und erzählen Sie sie dann aus der Sicht eines Beteiligten, wahlweise:

a) aus der Sicht eines Jüngers;

b) aus der Sicht eines Menschen, der sein Kind bringen will;

c) aus der Sicht eines Kindes.

III. Phase

1. Auseinandersetzung mit dem Text im Spiel. Zur Methode vgl. S. 28

Praxis

L: Unsere letzte Aufgabe hat diese neue schon vorbereitet. Jetzt versetzen wir uns ganz in die Situation unserer Geschichte und spielen in Gruppen ein Streitgespräch zwischen den Jüngern, den Menschen, die die Kinder zu Jesus bringen wollen, und den Kindern. Ob Sie Jesus und seine Worte und die Reaktionen der anderen darauf mit einbeziehen wollen, bleibt jeder Gruppe überlassen. Im Plenum können wir unsere kleinen Szenen dann vorspielen.

2. Bildbetrachtung. Zur Methode vgl. S. 28f.

Praxis

L: Emil Nolde hat zwei Bilder zu unserer Thematik gemalt. Mit einem von ihnen – »So Ihr nicht werdet wie die Kinder« – wollen wir uns jetzt beschäftigen (s.Dia am Ende des Buches). Zunächst schauen wir das Bild ganz ruhig an und lassen es auf uns wirken: Was sehen wir? – Wie ist der Inhalt dargestellt? – Was spricht uns an? – Was verwundert uns oder befremdet uns gar? – Nach einer Vertiefungsphase wollen wir uns dann zuerst ganz spontan zu dem Bild äußern.
In einem zweiten Schritt wollen wir es in seinen Farben, Formen, der Komposition und dem Inhalt genauer zu analysieren versuchen. Schließlich können wir uns fragen: Worauf zielt der Künstler wohl? Was hat er ausdrücken wollen? Sind wir heute davon betroffen?

Emil Nolde: »So Ihr nicht werdet wie die Kinder«
Anregungen zur Interpretation

Nolde hat zum Thema »Christus und die Kinder« zwei Bilder gemalt, das erste unter diesem Titel bereits 1910, das zweite, um das es hier geht, im Jahr 1929. Ihm gab er die Unterschrift »So Ihr nicht werdet wie die Kinder«. Aber dies sind nicht seine einzigen Bilder zu biblischen Themen; immer wieder hat er sie aufgegriffen. Allerdings sind seine Christusdarstellungen lange Zeit von den Kirchen abgelehnt worden, da er seine ganz eigene Sicht, unabhängig – wie er sagte – von »Bibelbuchstaben« und »erstarrten Dogmen«, gemalt hat.

Wenn man das Bild anschaut, wirkt es zunächst durch seine starken, leuchtenden Farben. Der vorherrschende Farbeindruck ist hervorgerufen durch die Gegenüberstellung der Komplementärfarben Rot zu Grün und Orange zu Blau. Hervorstechend ist noch das Weiß des einen Kinderkörpers. Durch die starken Orange- und Rottöne bekommt das Bild eine ungeheure Wärme, die gleichsam aus dem Bild überspringt bzw. in es hineinziehen will.

Formal ist das Bild sehr gedrängt. Die Figuren am Rand sind angeschnitten; es scheint, als wäre nur ein schmaler Ausschnitt gezeigt, als kämen auf beiden Seiten noch andere Menschen hinzu. Die Gestalt in der Mitte ist durch ihre Stellung und die Farbe hervorgehoben, sammelt und zentriert den Blick. Die Figuren rechts werden durch den erhobenen Arm abgegrenzt; links bildet der weiße Kinderkörper eine Grenze.

Wenn wir uns die Personen jetzt genauer anschauen und den Titel des Bildes außer acht lassen, stellen wir fest, daß die Christusgestalt fast weibliche Züge besitzt. Das wird durch die warmen Rot-/Orangetöne und vor allem das Gesicht hervorgerufen. Die Komplementärfarben Grün und Blau tauchen in seinen Augen auf und verleihen ihnen eine ungeheure Lebendigkeit. Sie schauen allerdings niemand an, weder die Personen des Bildes noch den Betrachter; sie schweifen aus dem Bild hinaus.

Die erhobene Hand erinnert am ehesten an andere Christusdarstellungen. Aber hier erscheint sie weniger grüßend, tröstend oder segnend, sondern es sieht mehr so aus, als wollte Jesus die Menschen zu seiner Linken abwehren oder sie jedenfalls zurückhalten.

Die beiden Figuren links stehen völlig statisch, die Kleidung ist hochgeschlossen; bis auf den Kragen und das Gesicht der vorderen Figur, sind sie in dunklen Tönen gehalten. Die Züge des hinteren Mannes wirken verkniffen und düster. Welche Gedanken kreisen hinter seiner Stirn?

Die Kinder auf der anderen Seite erscheinen ihnen gegenüber hell und beweglich; Licht geht von ihnen aus. In ganz spontaner Zuwendung richten sie sich auf Jesus aus, strecken ihm die Arme entgegen. Sie sind kaum bekleidet bzw. nackt gemalt, wohl Zeichen ihrer Offenheit und ihres Vertrauens.

Der Titel des Bildes »So Ihr nicht werdet wie die Kinder« gibt uns Deutungsansätze für das, was wir formal und farblich entdeckt haben. Der Satz ist ein Zitat aus Matthäus 18,3, wo Jesus ein Kind als beispielhaft in die Mitte der Jünger stellt und ihm das Reich Gottes zuspricht. Die gemalte Szene paßt allerdings mehr zur sogenannten »Kindersegnung« aus Markus 10,13-16. Aber beides ist wohl verknüpft in der Darstellung Noldes. Den starren, abweisenden, verkrampften Erwachsenen stellt Jesus die lebendigen, offenen, ungeschützten und vertrauenden Kinder gegenüber. »Wer sich der Liebe Gottes nicht wie ein Kind öffnet, wird sie nicht erfahren,« sagt er bei Markus.
Uns stellt sich damit die Frage, was wir von unserem Kindsein und damit wohl auch von unserem Menschsein verloren haben und was wir vielleicht versuchen sollten, wieder zurückzugewinnen.

3. Dialog schreiben: Identifikation mit einer Person des Textes. Zur Methode vgl. S. 26f.

Praxis

L: Wir haben über Kinder gesprochen; wir haben darüber nachgedacht, was Kinder von uns Erwachsenen unterscheidet; wir haben das bildhaft auf uns wirken lassen. – Wir waren selber einmal Kinder mit all ihren Möglichkeiten und Fähigkeiten. Vieles davon ist verschüttet oder verlorengegangen, oder wir haben es verdrängt. Wie waren wir als Kinder? –
Jesus ruft die Kinder zu sich, sagt ja zu ihnen, auch zum Kind in uns. Ich möchte Sie bitten, jetzt einen Dialog zu schreiben mit dem Kind in Ihnen, das vielleicht verschüttet oder verdrängt ist und freigelegt werden muß oder möchte. Wir beginnen mit dem Dialog, indem wir an den Rand des Blattes »Ich« schreiben, dann das Kind in uns ansprechen, es fragen... Danach schreiben wir »das Kind« an den Rand und lassen es antworten.
Vielleicht meinen Sie, das sei nicht möglich, da Sie ja mit sich selber sprächen. Versuchen Sie, diesen Zweifel auszuschalten und schreiben Sie einfach auf, was Ihnen einfällt, Ihnen gewissermaßen »hochkommt«. Wir wollen hinterher nicht über die Inhalte der Dialoge sprechen. Es wäre jedoch schön, wenn wir uns über die Erfahrungen austauschen könnten, die wir beim Schreiben gemacht haben.

Alternative: Dialog mit dem »Jünger« in mir.
Die Jünger im Text wollten den Kindern den Zugang zu Jesus (zum Reich Gottes)verwehren. Wir haben das Kind in uns angesprochen, das verdrängt, verschüttet, verlorengegangen ist. Wir können jedoch auch mit »dem Jünger« in uns ein Gespräch führen, das soll heißen, daß wir mit dem Aspekt unseres Selbst in einen

Dialog eintreten wollen, der eben diesem Kind in uns den Weg verstellt bzw. verstellt hat. Für das Schreiben gelten die gleichen Hinweise, die oben gemacht wurden.

Ergänzungstext – Ulla Kamps-Blass: Kind sein

Unberechenbar
Lachen, wo es sich nicht gehört
Weinen, weil es weh tut
Schmusen, wie noch nie
Schreien, damit die Wut raus ist
Spielen, weil es Spaß macht
Streiten, daß die Fetzen fliegen
Fragen, bis daß es keine Antwort mehr gibt.

»Wenn ihr nicht umkehrt und werdet wie die Kinder«
Lachen ohne Angst vor Lächerlichkeit
Weinen und stark, nicht hart sein
Schmusen ohne Scheu
Schreien und nicht herunterschlucken
Spielen ohne Sorge vor Blamage
Streiten und nicht ducken
Fragen – bis es keine Antwort mehr gibt.

Raum in der Herberge

Lukas 2, 1 - 7

1 In jenen Tagen erließ Kaiser Augustus den Befehl, alle Bewohner des
Reiches in Steuerlisten einzutragen. 2 Dies geschah zum erstenmal; da-
mals war Quirinius Statthalter von Syrien. 3 Da ging jeder in seine Stadt,
um sich eintragen zu lassen. 4 So zog auch Josef von der Stadt Nazaret
in Galiläa hinauf nach Judäa in die Stadt Davids, die Betlehem heißt;
denn er war aus dem Haus und Geschlecht Davids. 5 Er wollte sich
eintragen lassen mit Maria, seiner Verlobten, die ein Kind erwartete. 6
Als sie dort waren, kam für Maria die Zeit ihrer Niederkunft, 7 und sie
gebar ihren Sohn, den Erstgeborenen. Sie wickelte ihn in Windeln und
legte ihn in eine Krippe, weil in der Herberge kein Platz für sie war.

Vorbemerkung:

Wenn möglich, sollte eine Auswahl unterschiedlicher Darstellungen der Weihnachtsgeschichte (Krippenbilder) mitgebracht oder bereitgestellt werden; auf jeden Fall müssen ausreichend Bilder für die zweite Aufgabe der I. Phase zur Verfügung stehen. Es kann auch mit Dias gearbeitet werden, dann allerdings wohl im Plenum.

I. Phase

1. Hören auf den Text. Zur Methode vgl. S. 18

Praxis

Der Text wird versweise reihum gelesen.

2. Bildbetrachtung. Zur Methode vgl. S. 28f.

Hier wird eine abweichende Art der Bildbetrachtung vorgeschlagen. Es geht weder um eine Meditation noch um eine intensive Auseinandersetzung mit der Bildsprache einer Darstellung, sondern bei einer Vielzahl von Weihnachtsbildern soll lediglich ein Aspekt ausgewählt werden, unter dem sie angeschaut werden, nämlich die Darstellung des Raumes. Wie zeigt er sich dem Betrachter? Wie geht er mit der zugrunde liegenden Erzählung um? Was läßt sich aus der Art der Darstellung vielleicht schließen?

Praxis

L: Der Bibeltext, den wir eben gemeinsam gelesen haben, ist uns so vertraut, daß es uns schwer fällt, ihn noch einmal ganz neu zu hören. Außerdem ist die Geschichte in Erzählungen und Krippenspielen so oft wiedergegeben und ausgemalt worden, daß sich für uns damit eine Unmenge von Vorstellungen verbindet. Jedoch nicht nur in Texten, sondern vor allem auch auf Bildern begegnet sie uns.
Heute haben wir nur den ersten Teil der sogenannten Weihnachtsgeschichte gehört und wollen uns auf die letzten Worte daraus konzentrieren: »...weil in der Herberge kein Platz für sie war« oder, wie es in anderer Übersetzung heißt und vielen von uns sicher im Ohr klingt: »...denn sie hatten sonst keinen Raum in der Herberge.«
Ich hatte Sie gebeten, Weihnachtsbilder zu sammeln und mitzubringen, habe selbst auch noch eine Auswahl bereitgelegt. Jetzt möchte ich Sie bitten, sich in Kleingruppen mit diesen Bildern zu beschäftigen, jedoch nicht allgemein, sondern nur unter dem von uns heute gewählten Motiv: »Raum in der Herberge«. Schauen Sie sich die Bilder in Ruhe an, beschreiben Sie dann sehr genau den Raum, in dem sich das Geschehen jeweils abspielt. Was ist zu sehen? Wie wurde der Raum dargestellt und ausgestaltet? Was ist in ihm enthalten? Entspricht er unseren Vorstellungen von der Weihnachtsgeschichte? Von einem Viehstall? Von einer Unterkunft für eine Geburt? Wie wirkt der Raum an sich? Sind bestimmte Zeichen oder Symbole zu entdecken, die etwas über die Bedeutung dieses Raumes aussagen? Was läßt sich von der Darstellung des Raumes über die Einstellung des Malers zu der Geschichte schließen? Was hat er mit der Art seiner Darstellung vielleicht ausdrücken wollen?
Wir sollten uns in den Gruppen ein paar Notizen über unsere Beobachtungen machen und uns anschließend darüber im Plenum berichten.

II. Phase

1. Textatelier. Zur Methode vgl. S. 23f.

Praxis

L: Das Thema »Raum« begleitet uns jetzt auch in unsere Textarbeit. Ich habe Blätter mit Bibelstellen und Arbeitsaufgaben vorbereitet, mit denen wir uns in kleinen Gruppen beschäftigen wollen. Sie werden feststellen, daß unser Thema in einer Vielfalt von Zusammenhängen aufscheint, denen wir jetzt unser Augenmerk schenken werden. Es geht dabei nicht nur um ganz konkrete Räume/Orte, sondern auch um Räume in übertragenem Sinn, vielleicht könnten wir sagen »Lebensräume«, Räume, die uns gegeben oder genommen werden, die wir anderen gewähren oder verweigern, die von uns erwartet werden, die wir vielleicht gegen andere abschotten. Anschließend wollen wir uns über unsere Ergebnisse austauschen.

Arbeitsblatt I – Textatelier: »Raum«

Lesen Sie bitte die folgenden Bibelstellen und bearbeiten Sie sie jeweils unter den Fragestellungen 1 - 3. Setzen Sie sich anschließend mit den Fragen 4 - 7 auseinander.

1. Wie und in welcher Beziehung verbinden Sie den Text mit dem Stichwort »Raum«? Um welche Art »Raum« handelt es sich hier?

2. a) Gibt jemand diesen Raum einem anderen? Wer? Wem? b) Welchen Sinn bzw. welche Bedeutung hat der Raum dabei?

3. a) Oder enthält der Text die Aufforderung, einem anderen Raum zu geben? Wer soll ihn wem gewähren? b) Was hat der Raum in diesem Zusammenhang für eine Bedeutung? Für den Gebenden und für den Beschenkten?

4. Welche Worte/Gedanken verbinden Sie damit, wenn es heißt »Raum (zum Leben) zu haben« bzw. »Raum zu bekommen«? Welche Gefühle hängen damit zusammen?

5. Was gehört für Sie außer einem konkreten Ort dazu?

6. Was für Gefühle sind für Sie mit der Vorstellung von Raummangel/Raumverlust verbunden?

7. Was würde nach all diesen Gedanken die Aufforderung »Raum geben« bedeuten?

Texte

Genesis 2, 8.9a
8 Dann legte Gott, der Herr, in Eden, im Osten, einen Garten an und setzte dorthin den Menschen, den er geformt hatte. 9 Gott, der Herr, ließ aus dem Ackerboden allerlei Bäume wachsen, verlockend anzusehen und mit köstlichen Früchten.

Genesis 26, 18-22
18 Die Brunnen, die man zur Zeit seines Vaters Abraham gegraben hatte und die die Philister nach dem Tod Abrahams zugeschüttet hatten, ließ Isaak wieder aufgraben und gab ihnen dieselben Namen, die ihnen sein Vater gegeben hatte. 19 Die Knechte Isaaks gruben in der Talsohle und fanden dort einen Brunnen mit frischem Wasser. 20 Die Hirten von Gerar stritten mit den Hirten Isaaks und behaupteten: Uns gehört das Wasser. Da nannte er den Brunnen Esek (Zank), denn sie hatten mit ihm gezankt. 21 Als sie einen anderen Brunnen gruben, stritten sie auch um ihn; so nannte er ihn Sitna (Streit). 22 Darauf brach er von dort auf und grub wieder einen anderen Brunnen. Um ihn stritten sie nicht mehr. Da nannte er ihn Rehobot (Weite) und sagte: Jetzt hat uns der Herr weiten Raum verschafft, und wir sind im Land fruchtbar geworden.

Psalm 18, 2.3.33.34.37
2 Ich will dich rühmen, Herr, meine Stärke, 3 Herr, du mein Fels, meine Burg, mein Retter, mein Gott, meine Feste, in der ich mich berge, mein Schild und sicheres Heil, meine Zuflucht... 33 Gott hat mich mit Kraft umgürtet, er führte mich auf einen Weg ohne Hindernis. 34 Er ließ mich springen wie Hirsche, auf hohen Wegen ließ er mich gehen... 37 Du schaffst meinen Schritten weiten Raum, meine Knöchel wanken nicht.

Matthäus 10, 40
Wer euch aufnimmt, der nimmt mich auf, und wer mich aufnimmt, der nimmt den auf, der mich gesandt hat.

Lukas 19, 5-7
5 Als Jesus an die Stelle kam, schaute er hinauf und sagte zu ihm: Zachäus, komm schnell herunter! Denn ich muß heute in deinem Haus zu Gast sein. 6 Da stieg er schnell herunter und nahm Jesus freudig bei sich auf. 7 Als die Leute das sahen, empörten sie sich und sagten: Er ist bei einem Sünder eingekehrt.

Johannes 1, 11.12
11 Er kam in sein Eigentum, aber die Seinen nahmen ihn nicht auf. 12 Allen aber, die ihn aufnahmen, gab er Macht, Kinder Gottes zu werden, allen die an seinen Namen glauben.

Arbeitsblatt II – Textatelier: »Raum«

Lesen Sie bitte die folgenden Bibelstellen und bearbeiten Sie sie jeweils unter den Fragestellungen 1 - 3. Setzen Sie sich anschließend mit den Fragen 4 - 7 auseinander.

1. Wie und in welcher Beziehung verbinden Sie den Text mit dem Stichwort »Raum«? Um welche Art »Raum« handelt es sich hier?

2. a) Gibt jemand diesen Raum einem anderen? Wer? Wem?
   b) Welchen Sinn bzw. welche Bedeutung hat der Raum dabei?

3. a) Oder enthält der Text die Aufforderung, einem anderen Raum zu geben? Wer soll ihn wem gewähren?
   b) Was hat der Raum in diesem Zusammenhang für eine Bedeutung? Für den Gebenden und für den Beschenkten?

4. Welche Worte/Gedanken verbinden Sie damit, wenn es heißt »Raum (zum Leben) zu haben« bzw. »Raum zu bekommen«? Welche Gefühle hängen damit zusammen?

5. Was gehört für Sie außer einem konkreten Ort dazu?

6. Was für Gefühle sind für Sie mit der Vorstellung von Raummangel/Raumverlust verbunden?

7. Was würde nach all diesen Gedanken die Aufforderung »Raum geben« bedeuten?

Texte

Genesis 7, 1-5
1 Darauf sprach der Herr zu Noach: Geh in die Arche, du und dein ganzes Haus, denn ich habe gesehen, daß du unter deinen Zeitgenossen vor mir gerecht bist. 2 Von allen reinen Tieren nimm dir je sieben Paare mit, und von allen unreinen Tieren je ein Paar, 3 auch von den Vögeln des Himmels je sieben Männchen und Weibchen, um Nachwuchs auf der ganzen Erde am Leben zu erhalten. 4 Denn noch sieben Tage dauert es, dann lasse ich es vierzig Tage und vierzig Nächte lang auf die Erde regnen und tilge vom Erdboden alle Wesen, die ich gemacht habe. 5 Noach tat alles, was ihm der Herr aufgetragen hatte.

Psalm 23, 1-4
1 Der Herr ist mein Hirte, nichts wird mir fehlen. 2 Er läßt mich lagern auf grünen Auen und führt mich auf rechten Pfaden, treu seinem Namen. 4 Muß ich auch wandern in finsterer Schlucht, ich fürchte keine Unheil; denn du bist bei mir, dein Stock und dein Stab geben mir Zuversicht.

Jesaja 5, 1-9 (in Auswahl)
1 …Mein Freund hatte einen Weinberg auf einer fruchtbaren Höhe. 2 Er grub
ihn um und entfernte die Steine und bepflanzte ihn mit edlen Reben… 4 Was
konnte ich noch für meinen Weinberg tun, das ich nicht für ihn tat? Warum
brachte er nur saure Beeren? 5 Jetzt aber will ich euch kundtun, was ich mit
meinem Weinberg mache: Ich entferne seine schützende Hecke; so wird er
zur Weide. Seine Mauer reiße ich ein; dann wird er zertrampelt. 6 Zu Ödland
will ich ihn machen… 7 Ja, der Weinberg des Herrn der Heere ist das Haus
Israel, und die Männer von Juda sind die Reben, die er zu seiner Freude
gepflanzt hat. Er hoffte auf Rechtsspruch – doch siehe da: Rechtsbruch, und
auf Gerechtigkeit – doch siehe da: Der Rechtlose schreit. 8 Weh euch, die ihr
Haus an Haus reiht und Feld an Feld fügt, bis kein Platz mehr da ist und ihr
allein im Land ansässig seid. 9 Meine Ohren hören das Wort des Herrn der
Heere: Wahrhaftig alle eure Häuser sollen veröden. So groß und schön sie
auch sind: Sie sollen unbewohnt sein.

Jesaja 32, 15-18
15 Wenn aber der Geist aus der Höhe über uns ausgegossen wird, dann wird
die Wüste zum Garten, und der Garten wird zu einem Wald. 16 In der Wüste
wohnt das Recht, die Gerechtigkeit weilt in den Gärten. 17 Das Werk der
Gerechtigkeit wird der Friede sein, der Ertrag der Gerechtigkeit sind Ruhe und
Sicherheit für immer. 18 Mein Volk wird an einer Stätte des Friedens wohnen,
in sicheren Wohnungen, an stillen und ruhigen Plätzen.

Matthäus 8, 19.20
19 Da kam ein Schriftgelehrter zu ihm und sagte: Meister, ich will dir folgen,
wohin du auch gehst. 20 Jesus antwortete ihm: Die Füchse haben ihre Höhlen
und die Vögel ihre Nester; der Menschensohn aber hat keinen Ort, wo er sein
Haupt hinlegen kann.

Matthäus 18, 5
Wer ein solches Kind um meinetwillen aufnimmt, der nimmt mich auf.

Arbeitsblatt III – Textatelier: »Raum«

Lesen Sie bitte die folgenden Bibelstellen und bearbeiten Sie sie jeweils unter den Fragestellungen 1 - 3. Setzen Sie sich anschließend mit den Fragen 4 - 7 auseinander.

1. Wie und in welcher Beziehung verbinden Sie den Text mit dem Stichwort »Raum«? Um welche Art »Raum« handelt es sich hier?

2. a) Gibt jemand diesen Raum einem anderen? Wer? Wem?
b) Welchen Sinn bzw. welche Bedeutung hat der Raum dabei?

3. a) Oder enthält der Text die Aufforderung, einem anderen Raum zu geben? Wer soll ihn wem gewähren?
b) Was hat der Raum in diesem Zusammenhang für eine Bedeutung? Für den Gebenden und für den Beschenkten?

4. Welche Worte/Gedanken verbinden Sie damit, wenn es heißt »Raum (zum Leben) zu haben« bzw. »Raum zu bekommen«? Welche Gefühle hängen damit zusammen?

5. Was gehört für Sie außer einem konkreten Ort dazu?

6. Was für Gefühle sind für Sie mit der Vorstellung von Raummangel/Raumverlust verbunden?

7. Was würde nach all diesen Gedanken die Aufforderung »Raum geben« bedeuten?

Texte

Exodus 3, 7.8a
7 Der Herr sprach (zu Mose): Ich habe das Elend meines Volkes in Ägypten
gesehen, und ihre laute Klage über ihre Antreiber habe ich gehört. Ich kenne
ihr Leid. 8 Ich bin herabgestiegen, um sie der Hand der Ägypter zu entreißen
und aus jenem Land hinauszuführen in ein schönes, weites Land, in ein Land,
in dem Milch und Honig fließen.

Levitikus 25, 35.36
35 Wenn dein Bruder verarmt und sich neben dir nicht halten kann, sollst du
ihn, auch einen Fremden oder Halbbürger, unterstützen, damit er neben dir
leben kann. 36 Nimm von ihm keinen Zins und Wucher! Fürchte deinen Gott,
und dein Bruder soll neben dir leben können.

Psalm 31, 8.9
8 Ich will jubeln und über deine Huld mich freuen; denn du hast mein Elend angesehen, du bist mit meiner Not vertraut. 9 Du hast mich nicht preisgegeben der Gewalt meines Feindes, hast meinen Füßen freien Raum geschenkt.

Matthäus 2, 14
Da stand Josef in der Nacht auf und floh mit dem Kind und dessen Mutter nach Ägypten.

Matthäus 25, 42.43
42 Denn ich war hungrig, und ihr habt mir nichts zu essen gegeben; ich war durstig, und ihr habt mir nichts zu trinken gegeben; 43 ich war fremd und obdachlos, und ihr habt mich nicht aufgenommen; ich war krank und im Gefängnis, und ihr habt mich nicht besucht.

Römer 15, 7
Darum nehmt einander an, wie auch Christus euch angenommen hat, zur Ehre Gottes.

Offenbarung 3, 20
Ich stehe vor der Tür und klopfe an. Wer meine Stimme hört und die Tür öffnet, bei dem werde ich eintreten, und wir werden Mahl halten, ich mit ihm und er mit mir.

III. Phase

1. Gestaltung: Malen mit Fingerfarben. Zur Methode vgl. S. 30

Praxis

L: Wir haben jetzt quer durch die Bibel nachgeschaut, in welchen Zusammenhängen uns »Räume« begegnen. Wir haben den Begriff weit gefaßt. Da war der Lebensraum, den Gott den Menschen schenkt; der Raum, der mir Heimat, Zuhause bedeutet, oder einfach Geborgenheit. Meist sind Räume mit Menschen verknüpft. Wir stellten fest, daß man sich gegenseitig Raum geben oder verweigern kann, daß wir aufgefordert sind, Raum zu geben. Da tauchen Räume auf, nach denen wir uns sehnen; Räume, die uns verschlossen sind oder zu denen Türen zugeschlagen wurden; Räume, die andere von uns erwarten usw.
Wir wollen im Augenblick nicht weiter darüber sprechen. Ich möchte Sie bitten, mit den bereitliegenden Fingerfarben zu malen. Malen Sie Raum/Räume. Malen Sie einfach, was Sie mit dem Wort verknüpfen, wie es sich Ihnen momentan

darstellt. Das ist relativ abstrakt gedacht: Farben, Formen. Die Aufgabenstellung bleibt ganz offen, jedem/r selbst überlassen, was er oder sie daraus machen möchte. Malen Sie ohne große Überlegungen, ganz spontan. Es können auch mehrere Bilder werden.

2. Schreibmeditation. Zur Methode vgl. S. 26

Praxis

L: Wir haben Räume gemalt, jeder seine ganz persönlichen. Vielleicht war der eine oder die andere selbst erstaunt, was sich beim Malen entwickelte.
Jetzt ziehen wir uns noch einmal mit unseren Bildern zurück. Jeder beschäftigt sich in einer Schreibmeditation mit seinem eigenen Werk. Er versucht, darüber nachzudenken, sich zu befragen, was er dargestellt hat: Ist es ein Stück Realität? Sind es Wünsche oder Hoffnungen, Ängste oder Enttäuschungen, gute oder schlechte Erfahrungen, die meine Räume prägen?
In unserem Ausgangstext aus der Weihnachtsgeschichte hieß es: »...sie hatten keinen Raum in der Herberge.« Was habe ich jetzt gemalt? Den Raum, nach dem ich mich sehne? Den Raum, den ich teile bzw. teilen möchte, oder den, den ich teilen könnte, aber für mich allein beanspruche? Den Raum, den ich Gott oder dem Nächsten zur Verfügung stellen sollte? Jeder gibt sich selbst Rechenschaft. Vielleicht entsteht beim Schreiben sogar der Wunsch, sein Bild zu verändern oder ein ganz anderes zu malen. Auch das ist möglich.
Am Schluß finden wir uns noch einmal zusammen. Es wäre schön, wenn wir ins Gespräch kommen könnten über unsere Erfahrungen beim Malen und Schreiben. Vielleicht können wir sogar »Raum-Wünsche« oder »Raum-Angebote«, »Raum-Geschenke« – um den weihnachtlichen Sprachschatz aufzunehmen – für uns und andere formulieren.

Ergänzungstext – Max Kruse: Auch ein Weihnachtsabend

Es ist dämmrig, grau in der Stube. Drüben sind schon ein paar Fenster erleuchtet. Die Straße unten ist fast menschenleer. Nur wenige Autos fahren noch.
Eine Strähne weißen Haares fällt über ihr Gesicht. Sie streicht sie mit der Hand nach hinten.
Auf dem Tisch steht eine Kerze. Sie brennt nicht. Drumherum liegen kleine Tannenzweige, daneben die Streichholzschachtel. Ein zarter Duft ist in der Stube.
Sie sitzt still und hört. Die Haustür klappt. Kinderfüße laufen die Treppe runter. Die haben es eilig! Der Fußboden vibriert. Das kommt von der Waschmaschine nebenan. Was die jetzt noch zu schleudern haben?

Die Klappe des Briefkastens schlägt. Sie steht auf und geht an die Tür. Sie preßt das Ohr ans Holz. Unten scheint noch jemand zu sein, hier ist niemand mehr. Langsam schließt sie den Briefkasten auf. Sie kennt die Karte, sie kommt jedes Jahr. Der Lebenmittel- Kaufmann wünscht »Frohe Weihnachten«. Sie schlurft in die Stube zurück und lehnt die Karte an die Kerze.

Fröhliche Weihnachten – die Wände sind so dünn. Wittkes haben das Radio laut aufgedreht. Mit den Liedern kommt ihre Kindheit durch die Mauer. Sie hatten sich an den Händen gefaßt, der Bruder im grauen Anzug – sie im weißen Kleid. Und sie sangen. Vater und Mutter sangen mit ihnen. Es roch nach Tannennadeln und Äpfeln.

Siebzig Jahre vorbei! Wohin? – Kalte, schneidende Nacht! Die Sterne glitzerten nicht nur am Himmel, auch im Schnee unter den Gaslaternen. Man bekam rote Ohren auf dem Weg zur Christmette. Hinterher in der Stube knallte der Kachelofen.

Jetzt ist es auch warm. Der Hausmeister hat gut eingeheizt. Wo das Öl doch so teuer ist. Die Heizkörper sind heiß. Nur ihre Hände sind kalt. Immer. Das kommt halt so: der Kreislauf.

Die Glocken beginnen zu läuten, draußen an der Kirche. Und überall in der ganzen Stadt. In dieser Stunde wurde damals die Tür zum Weihnachtszimmer geöffnet. Zu Hause. Und später hat sie es auch so gemacht, als ihr Bub noch klein war.

Nicht alle leben so lange wie sie. Zwei Kriege – und noch vieles andere gingen vorbei. Sie ist noch da und hört die Glocken läuten. Frohe Botschaft? Welche Botschaft?

Sie braucht nicht zu warten. Sie braucht keine Tür zu öffnen. Sie nimmt die Schachtel in die Hand und zündet ein Streichholz an.

Zögernd hält sie es über den Tisch. Die Tannenzweige leuchten grün. Da steht die Glückwunschkarte des Kaufmanns.

Sie bläst das Streichholz wieder aus. Lange sitzt sie, während die Dunkelheit wächst.

Mit Jesus aufrecht gehen lernen…

Lukas 13, 10 - 17

10 Am Sabbat lehrte Jesus in einer Synagoge. 11 Dort saß eine Frau, die
seit achtzehn Jahren krank war, weil sie von einem Dämon geplagt
wurde; ihr Rücken war verkrümmt, und sie konnte nicht mehr aufrecht
gehen. 12 Als Jesus sie sah, rief er sie zu sich und sagte: Frau, du bist
von deinem Leiden erlöst. 13 Und er legte ihr die Hände auf. Im gleichen
Augenblick richtete sie sich auf und pries Gott. 14 Der Synagogenvor-
steher aber war empört darüber, daß Jesus am Sabbat heilte, und sagte
zu den Leuten: Sechs Tage sind zum Arbeiten da. Kommt also an diesen
Tagen und laßt euch heilen, nicht am Sabbat! 15 Der Herr erwiderte ihm:
Ihr Heuchler! Bindet nicht jeder von euch am Sabbat seinen Ochsen oder
Esel von der Krippe los und führt ihn zur Tränke? 16 Diese Tochter
Abrahams aber, die der Satan schon seit achtzehn Jahren gefesselt hielt,
sollte am Sabbat nicht davon befreit werden dürfen? 17 Durch diese
Worte wurden alle seine Gegner beschämt; das ganze Volk aber freute
sich über all die großen Taten, die er vollbrachte.

I. Phase

1.Hören auf den Text. Zur Methode vgl. S. 18

Praxis

L: Um die Aufmerksamkeit intensiv auf den Text zu lenken, sollten wir versuchen, ihn wie etwas ganz Neues aufzunehmen. Deshalb wollen wir ihn laut lesen, und zwar mit verteilten Rollen. Wir haben ihn in vier Schrifttypen vorliegen, d. h. vier Personen sollten ihn lesen:

1. Der Erzähler,
2. *die Frau* (sie spricht zwar nicht selbst,
   aber alles, was sie betrifft, wird extra gelesen),
3. **Jesus**,
4. ***der Synagogenvorsteher.***

Lukas 13, 10 - 17 (mit verteilten Rollen)

10 Am Sabbat lehrte Jesus in einer Synagoge.
11 *Dort saß eine Frau, die seit achtzehn Jahren krank war, weil sie von einem Dämon geplagt wurde; ihr Rücken war verkrümmt, und sie konnte nicht mehr aufrecht gehen.*
12 Als Jesus sie sah, rief er sie zu sich und sagte: **Frau, du bist von deinem Leiden erlöst.**
13 Und er legte ihr die Hände auf.
Im gleichen Augenblick richtete sie sich auf und pries Gott.
14 Der Synagogenvorsteher aber war empört darüber, daß Jesus am Sabbat heilte, und sagte zu den Leuten:
Sechs Tage sind zum Arbeiten da. Kommt also an diesen Tagen und laßt euch heilen, nicht am Sabbat!
15 Der Herr erwiderte ihm:
Ihr Heuchler! Bindet nicht jeder von euch am Sabbat seinen Ochsen oder Esel von der Krippe los und führt ihn zur Tränke?
16 **Diese Tochter Abrahams aber, die der Satan schon seit achtzehn Jahren gefesselt hielt, sollte am Sabbat nicht davon befreit werden dürfen?**
17 Durch diese Worte wurden all seine Gegner beschämt; das ganze Volk aber freute sich über all die großen Taten, die er vollbrachte.

2. Einfühlübung. Zur Methode vgl. S. 20

Praxis

Die Gruppe teilt sich. Die eine Hälfte geht fünf Minuten lang »gekrümmt« (vornübergeneigt) umher, die andere aufrecht. Man spricht miteinander. Dann werden die Rollen getauscht. Im anschließenden Gespräch berichten alle, was sie dabei empfunden haben.

3. Gelenkte Assoziationen. Zur Methode vgl. S. 19

Praxis

L: Nachdem wir uns in das Gekrümmtsein der Frau körperlich hineinversetzt haben, wollen wir noch weiter bei dem Satz des Textes verweilen: »Sie war verkrümmt.« – »Verkrümmt oder gekrümmt sein«, was bedeutet das? Wir wollen assoziieren, was uns dazu einfällt.
Zunächst noch einmal körperlich: Was kann eine Gekrümmte, was ist ihr unmöglich? Was sieht sie vorwiegend? Wie ist ihre Blickrichtung? Wie fühlt sie sich? Wie kam es eventuell zu dieser Verkrümmung? Gekrümmtsein kann auch psychische Ursachen haben. Oder man kann sich – ohne äußerliche Symptome – psychisch gekrümmt fühlen. Wie sieht das aus? Wie kommt es dazu? Welche Gefühle hat man dann? Welche Auswirkungen hat das auf das Leben und auf alle Beziehungen? Wir wollen unsere Gedanken rein assoziativ zusammentragen und uns dabei in die Rolle – vielleicht unsere Rolle? – einer Gekrümmten hineinversetzen, Gefühle, Erfahrungen, Hoffnungen und Wünsche aussprechen.

II. Phase

1. Fragenkatalog. Zur Methode vgl. S. 24

Praxis

L: Wir wollen uns jetzt in Kleingruppen anhand eines Fragenkatalogs intensiver mit dem Text beschäftigen.

Fragenkatalog zu Lukas 13, 10 - 17

1. Grenzen Sie bitte die beiden Teile des Textes ab, und geben Sie ihnen charakteristische Überschriften.

2. Wie könnte man die Wendungen verstehen:
»...die seit achtzehn Jahren krank war, weil sie von einem Dämon geplagt wurde..«;
»...die der Satan schon seit achtzehn Jahren gefesselt hielt..«?
Wie würde man diesen Sachverhalt heute wohl ausdrücken?

3. Wie schätzen Sie die Stellung der Frau aufgrund der langjährigen Krankheit ein:
a) In der Familie (Mann, Kinder...)?
b) Im sozialen Umfeld?

4. Wer ergreift die Initiative bei der Heilung, und wem schreibt der Synagogenvorsteher sie zu?

5. Wie charakterisiert Jesus die Heilung der Frau in Vers 15 und 16?

6. Warum bezeichnet Jesus seine Widersacher wohl als »Heuchler«? Geht es nur um den Sabbat – oder will Jesus vielleicht eine bestimmte Grund-Einstellung kritisieren?

7. Welches Licht wirft die Wendung »Tochter Abrahams« auf die Stellung Jesu zu Frauen?

2. Identifizierende Erschließung: Streitgespräch.
Zur Methode vgl. S. 24f.

Praxis

L: Wir wollen jetzt unmittelbar in die Geschichte einsteigen, und zwar spielen wir in Kleingruppen ein Streitgespäch, das nach der Heilung der gekrümmten Frau entsteht. Mögliche beteiligte Personen wären:

Jesus,
der Synagogenvorsteher,
Anhänger Jesu,
Anhänger des Synagogenvorstehers,
die Frau,
Verwandte der Frau,
unbeteiligte Zuschauer.

Bei dem Streitgespräch käme es darauf an, nicht einfach den Text nachzuspielen, sondern Gefühle und Erfahrungen der Beteiligten zum Ausdruck zu bringen und nach Motiven zu fragen, die manchen Worten zugrunde liegen könnten.
Z.B.: Welche Reaktionen zeigen die Verwandten, die Frau, die Zuschauer? Warum sind eigentlich die einen gegen die Heilung am Sabbat? Was steckt dahinter? Vielleicht eine bestimmte Einschätzung von Mensch und Gebot? Warum heilt Jesus gerade am Sabbat? Wäre es nicht auch am nächsten Tag möglich gewesen? Anschließend wollen wir uns die Streitgespräche gegenseitig vorspielen und uns über unsere Erfahrungen und Gefühle beim Spielen und beim Zuschauen austauschen.

III. Phase

1. Weitererzählen der Geschichte. Zur Methode vgl. S. 27

Praxis

L: Die Geschichte von der Heilung der gekrümmten Frau bricht nach dem Streitgespräch zwischen Jesus und dem Synagogenvorsteher ab; auch wir haben uns im Spiel auf dieses Gespräch beschränkt. Über die Frau erfahren wir nichts mehr. Sicher geht es auch Ihnen so, daß Sie gern wüßten, wie ihr Leben nach der Heilung – wir erinnern uns: nach 18jähriger Krankheit – weiterging.
Jetzt möchte ich Sie bitten, Ihrer Phantasie freien Lauf zu lassen und selber die Geschichte weiterzuerzählen. Sie können das ganz unbeeinflußt tun. Für die, die es möchten, habe ich als kleine Hilfestellung und als Zuspitzung der Erzählung einen Beginn und vier alternative Impulse zum Weitererzählen vorbereitet. – Sie können diese Erzählung einzeln oder in Partnerarbeit gestalten.

Mit Jesus aufrecht gehen lernen – Vorschläge zum Weitererzählen

Jesus blieb noch drei Tage an dem Ort. Als er mit seinen Schülern weiterzog, begegneten sie einer Frau, die war gekrümmt. Jesus sagte zu ihr: Habe ich dich nicht vor drei Tagen geheilt? Sie antwortete:

1. Ja, aber ich bin gewohnt, so zu gehen.
2. Ja, aber mein Mann, die Nachbarn, alle Leute sind gewohnt, daß ich so gehe.
3. Ja, aber ich übe noch.
4. Ja, ich bin gerade auf dem Weg, neu anzufangen und mich wieder aufzurichten.

Entscheiden Sie sich für eine der Möglichkeiten, oder erfinden Sie eine völlig andere Fortsetzung der Geschichte.

2. Symbolhandlung. Zur Methode vgl. S. 31

Praxis

Alle sitzen im Kreis (eventuell auf dem Boden); in der Mitte wird altar-ähnlich eine Kerze, Blumen oder Ähnliches aufgebaut.
L: Wir haben in der I.Phase versucht, uns in die Lage der verkrümmten Frau hineinzuversetzen. Sie haben Assoziationen zum Stichwort »verkrümmt sein« gesammelt. Wir haben dabei festgestellt, welche unterschiedlichen Ursachen, Wirkungen und Folgen jedes Verkrümmtsein mit sich bringen kann. Dabei haben wir vielleicht auch bei uns – mehr oder weniger starke – Symptome entdeckt, die uns auf Schäden aufmerksam machen.

In der II. Phase sind wir intensiver in den Bibeltext eingestiegen und haben versucht, ihn aus seiner Zeit und aus seinem Anliegen zu verstehen. Wir haben gesehen, wie Jesus das Heilwerden des Menschen wichtig war, ebenso wie ihm auch unser Heilwerden wichtig ist.
Sie sehen, daß ich in der Mitte eine Kerze aufgestellt habe. Sie hat symbolische Bedeutung; nennen wir es eine Art Altar, jedenfalls einen Ort, wohin wir mit unseren Problemen kommen und sie vor Gott ablegen können. Sie finden an Ihren Plätzen außerdem Zettel und Stifte.
Wir wollen jetzt über unsere eigenen Verkrümmungen meditieren. Wo sind Dinge in meinem Leben, die mich belasten, bedrängen? Wo stehe ich – körperlich oder seelisch – unter Druck, der mich zu Boden zwingt und meinen Blickwinkel verengt? Was ist in mir verkrümmt? Was bedarf der Heilung?
Wir schreiben diese Dinge dann auf die Zettel und bringen sie in die Mitte. Wir tragen sie symbolisch von uns fort, dürfen sie dort ablegen.
Eventuell können wir ein wenig später den einen oder anderen Zettel – wer das nicht wünscht, kann ihn zusammenfalten – zurückholen und gemeinsam überlegen, ob wir uns im Gespräch Trost zusprechen und Hilfsmöglichkeiten eröffnen können.

Ergänzungstext

gebeugt
18 jahre, 18 monate, 18 tage…
gebeugt
sich nicht aufrichten können
der rücken ist gekrümmt
der blick geht immer in eine richtung
geht nach unten
geht zurück
gebeugt…

gebeugt
18 jahre, 18 tage, 18 stunden?
der rücken ist krumm
das auge schaut nach unten
es sieht nur trauer und schmerz
wo ist das licht?
wo ist die sonne?
gab es sie je?
alles ist fragwürdig geworden

gebeugt
ich kann nichts wahrnehmen
kein lichtstrahl erreicht mich
der blick geht immer nur in eine richtung
er ist blind von tränen
er geht nach unten
geht zurück –
sich ganz fallen lassen?

gebeugt
18 jahre, 18 tage, 18 stunden
gibt es für mich noch sonne und licht?
ich sehe nur dunkelheit, schwärze
gebeugt
ohne hoffnung sich fallen lassen!
gehen – weit fort

richte dich auf!

ist das möglich? gilt das mir?
ein wunder?
ein wunder!
der krumme rücken
er wird gerade
wo sind dunkelheit und schmerz?
alles ist neu
alles ist anders
die erde ist schön…

ist wirklich alles anders?
bist du anders?
richte dich auf!
du kannst dich aufrichten
schau nicht nach unten
schau nicht immer wieder zurück
das wunder läßt dich leben
jetzt!
glaube es
schau nicht zurück
nicht immer wieder zurück
lebe jetzt

Pharisäer und Zöllner in mir?

Lukas 18, 9 - 14

9 Einigen, die von ihrer eigenen Gerechtigkeit überzeugt waren und die
anderen verachteten, erzählte Jesus dieses Beispiel: 10 Zwei Männer
gingen zum Tempel hinauf, um zu beten; der eine war ein Pharisäer, der
andere ein Zöllner. 11 Der Pharisäer stellte sich hin und sprach leise
dieses Gebet: Gott, ich danke dir, daß ich nicht wie die anderen Men-
schen bin, die Räuber, Betrüger, Ehebrecher oder auch wie dieser Zöll-
ner dort. 12 Ich faste zweimal in der Woche und gebe dem Tempel den
zehnten Teil meines ganzen Einkommens. 13 Der Zöllner aber blieb
ganz hinten stehen und wagte nicht einmal, seine Augen zum Himmel
zu erheben, sondern schlug sich an die Brust und betete: Gott, sei mir
Sünder gnädig! 14 Ich sage euch: Dieser kehrte als Gerechter nach Hau-
se zurück, der andere nicht. Denn wer sich selbst erhöht, wird erniedrigt,
wer sich aber selbst erniedrigt, wird erhöht werden.

I. Phase

1. Hören auf den Text. Zur Methode vgl. S. 18

Praxis

Der Text wird versweise reihum gelesen.

2. Vertiefendes Hören. Zur Methode vgl. S. 18

Praxis

Zum Gleichnis vom Pharisäer und Zöllner gibt es eine Vertonung von Heinrich Schütz (Pharisäer und Zöllner. Kleines geistliches Konzert für Tenor, Baß und Basso continuo. Edition Breitkopf und Härtel), die sich gut für diese Phase eignet.

3. Interaktionales Schreiben. Zur Methode vgl. S. 20

Praxis

L: Wir gehen jetzt in Kleingruppen auseinander. Jeder erhält ein Blatt Papier und einen Stift und schreibt ganz spontan einen Gedanken, einen Einwand oder eine Frage zu dem Text auf. Der Zettel wird weitergegeben, der nächste äußert sich zur ersten Aussage und reicht den Zettel wieder weiter. So machen alle Zettel ein- oder auch zweimal die Runde, und auf jedem entwickelt sich ein Gespräch zur Ausgangsbemerkung.
Im Plenum sollten wir hinterher vielleicht kurz berichten, welche Fragen unsere Gruppe beschäftigt haben.

II. Phase

1. Identifizierende Erschließung: Streitgespräch. Zur Methode vgl. S. 24f.

Praxis

L: Wir stellen uns jetzt vor, die beiden, Pharisäer und Zöllner, hätten die Worte Jesu gehört; sie wissen also, wie er sich über ihre Gebete geäußert hat. Es entsteht ein Streitgespräch zwischen ihnen und Jesus. Auch andere Personen können sich daran beteiligen, z.B. Jünger, Zuhörer, Freunde des Pharisäers usw. In Gruppen wollen wir dieses Streitgespräch ausprobieren und anschließend im Plenum vorführen.

2. Erarbeitung von schriftlichem Informationsmaterial. Zur Methode vgl. S. 24

Praxis

Das schriftliche Material enthält Informationen über Pharisäer und Zöllner, ihre Stellung, ihre Bedeutung, ihr Ansehen und ihr Selbstverständnis in Palästina zur

Zeit Jesu. – Manche Ausleger weisen darauf hin, daß das Bild der synoptischen Evangelien von den Pharisäern negativ pauschalisierend als Gegenbild zu Jesus gezeichnet ist.
Die Texte werden in Gruppen bearbeitet. Anschließend gibt jede Gruppe im Plenum weiter, was sie ihrem Text an Informationen über Pharisäer und Zöllner entnommen hat.

Informationstexte

Text 1

Ich bin Simeon, ein Sandalenmacher. Ich gehöre zu den Pharisäern, und ich bin stolz darauf. An meinem Beruf kann man schon sehen, daß es sich bei uns Pharisäern nicht um eine Institution von irgendwelchen Fachleuten handelt, Schriftgelehrten oder Priestern etwa. Nein, wir sind Laien. Aber wir nehmen die Gebote Gottes ernster als viele Priester, die mit den Römern gemeinsame Sache machen.
Schon unsere Vorväter, das ist lange her, taten sich in der Makkabäerzeit gegen die Eroberer, damals waren es die Griechen, zusammen. Sie wollten unseren Glauben gegen die griechischen Götter reinhalten. Und jetzt geht es um römischen Einfluß, vor allem auch um Herodes, diesen Römerfreund. Gegen ihn und sein Haus müssen wir Front machen.
Aber leider ist der politische Einfluß von Herodes und seinem Anhang, einschließlich der Römer, nicht das einzige Problem, mit dem wir uns auseinandersetzen müssen.
Aus einem anderen Grund noch schließen wir uns zusammen und sondern uns von der Menge des Volkes ab. Viele unserer Landsleute nehmen es nicht mehr so ernst mit der Tora. Sie meinen, sie brauchten sich nicht so genau an die Gesetze zu halten. Ja, sie denken wohl, es käme nicht so darauf an, Gott und seinen Geboten die Treue zu halten. Wer kümmert sich denn um die Reinheitsvorschriften? Und wer bemüht sich um die Einhaltung der Sabbatruhe? »Wir haben keine Zeit dazu; wir können nicht alles so genau beachten«, so heißt es dann. Und um die Abgabe des Zehnten drücken sich auch viele herum. »Müssen wir so viel abgeben? Ich kann doch nicht überprüfen, ob Bauer oder Händler den Zehnten abgegeben haben, und soll ich es für sie etwa noch einmal tun?« Ja, ich kenne alle diese Ausreden. – Von den Zöllnern will ich schon gar nicht reden, die nichts abgeben, sondern sich noch unrechtmäßig bereichern. Sie sind sowieso Unreine, weil sie mit den Römern zusammenarbeiten.
Ich selber gebe jedenfalls von allem den Zehnten, auch von dem, was ich auf dem Markt kaufe, ehe ich etwas esse, was nicht verzehnt wurde. Ich will nicht schuld

sein an einem Versäumnis. Ich bin froh, daß ich bei all dem die Unterstützung meiner gleichgesinnten Freunde habe. So ist es leichter, und wir können gemeinsam ein Vorbild für die anderen sein.
Wie gut, daß unsere Väter die Gebote genauer ausgelegt haben. Es ist oft so schwer, zu sagen und zu verstehen, was mit ihnen gemeint ist. Wenn ich z.B. an das Sabbatgebot denke: »Gedenke des Sabbattages, daß du ihn heiligst...« Was heißt das? Wie hilfreich sind da die Hinweise, die in der Halacha, der Auslegung der Tora stehen! Sie sagt uns, was am Sabbat alles verboten ist. Ja, die Halacha ergänzt die Tora, wunderbar.
Ich kann wirklich nicht verstehen, warum manche uns ablehnen. Vielleicht weil sie es nicht schaffen, sich so ernsthaft um die Einhaltung der Tora zu bemühen. Aber haben wir sie nicht von Gott als Hilfe zu einem guten und glücklichen Zusammenleben bekommen?

Text 2

Ich bin Baruch, Zolleinnehmer in Kafarnaum. Ich habe meine Zollstation vom Oberzöllner David gepachtet. Er hat das Recht zur Zolleinnahme für den ganzen großen Zollbezirk von den Römern gekauft. Ich möchte nicht wissen, was er dafür hat zahlen müssen. Nun muß er es bei uns wieder reinholen. Es ist schon sehr viel, was er von uns verlangt, und wir können uns nicht dagegen wehren. Nur gut, daß uns keine Vorschriften über die Höhe der Zölle gemacht sind, so können wir sie festsetzen, wie wir es für richtig halten. Wir müssen ja auch genug davon bezahlen: die Pacht, unsere Gehilfen, alle Unkosten, ja, und leben wollen wir und unsere Familien schließlich auch.
Gut, ich gebe zu, daß unsere Häuser meist die größten und schönsten im Ort sind. Aber kann man es uns verdenken, wenn wir ein bißchen in unsere Tasche arbeiten und uns ein gutes Leben ermöglichen? Wir müssen auch ganz kräftig dafür bezahlen. Nicht mit Geld, das wäre einfach für uns. Nein, Geld und gutes Auskommen haben wir schon. Aber dafür sind wir ziemlich allein. Trotz unseres Reichtums sind wir verachtet und ausgestoßen im Volk. Man findet es unmöglich, daß wir für die Römer die Zölle einziehen. Klar, ich bin auch nicht begeistert davon, das für die Feinde zu tun. Aber jemand muß es doch machen, und ich muß auch irgendwie mein Geld verdienen.
Das Schlimme ist, daß die Römer Unreine sind, weil sie nicht an Gott glauben, und daß wir uns durch den Umgang mit ihnen auch verunreinigen. Dabei läßt sich das bei unserem Beruf nicht vermeiden.
Aber die meisten hassen uns wohl, weil sie meinen, daß wir sie übervorteilen und zu hohe Zölle verlangen. Betrüger schimpfen sie uns; einen großen Bogen machen sie, wenn möglich, um uns. Keiner will etwas mit uns zu tun haben. Freunde kann ich nur unter anderen Zöllnern finden. Das ist nicht so einfach zu verkraften. Ist es

da ein Wunder, wenn wir zum Ausgleich wenigstens ein äußerlich schönes und bequemes Leben führen möchten? Es kommt doch schon nicht mehr darauf an, wieviel mehr wir verlangen. Auch wenn es nur das Allernötigste wäre, im Ansehen der Leute machte es wohl kaum einen Unterschied.
Vor allem die Pharisäer sehen auf uns herab. Das verwundert einen natürlich nicht, da man weiß, wie sie sich um die Einhaltung der Gebote bemühen. Immer wieder versucht es der eine oder andere von ihnen, mir klarzumachen, was für ein Sünder ich bin. Als wenn ich das nicht wüßte! In der letzen Zeit reden sie immer vom »Tag der Abrechnung« und von Auferstehung. Davon hat der Rabbi noch nie gesprochen. Sie glauben anscheinend an ein Gericht am Ende der Zeit. Oder ob sie uns damit nur Angst machen wollen? Einige von ihnen meinen jedenfalls, daß sie dem Gericht aufgrund ihrer frommen Leistungen getrost entgegensehen können, aber so sind nicht alle.

Text 3

Ich bin Bildad, ein Kaufmann aus Jericho. Ich komme mit meinen Waren ziemlich viel im Land herum. Die Reisen sind nicht immer ganz ungefährlich, vor allem von Jericho hoch nach Jerusalem die Pfade durch die Bergwüste. Und dann überlegt man sich dabei noch die ganze Zeit, was den Zöllnern an den Stadttoren wieder für neue Spitzfindigkeiten einfallen, um uns zu schröpfen.
Es ist schon schlimm genug, daß wir so viel Steuern an die Römer abgeben müssen. Doch sie haben uns besiegt, und da bleibt uns nichts anderes übrig, als es zähneknirschend hinzunehmen. Aber was die Zöllner aus ihrer Aufgabe machen, ist wirklich unmöglich. Nicht genug, daß sie sich mit den Römern arrangieren und für sie arbeiten – man bedenke, es sind unsere Feinde – nein, sie nutzen ihre Macht zu ihrem eigenen Vorteil aus. Es ist kaum zu glauben, wie willkürlich sie die Zölle festsetzen, einen übers Ohr hauen und von vorn bis hinten betrügen. Gut, ich sehe ja ein, daß sie auch leben wollen. Und warum nicht gut leben? Ich will es schließlich auch. Sie müssen wohl auch kräftig Pacht für so eine Zollstation zahlen, habe ich gehört, und die soll erst einmal eingenommen werden. Aber an ihren schönen Häusern kann man ablesen, wie gut es ihnen dabei geht und daß sie schon aufpassen, daß sie nicht zu kurz kommen. Im Gegenteil! Ja, und wir werden dann eben rücksichtslos betrogen.
Zu all dem Ärger kommt noch die Sache mit dem Zehnten. Im Gesetz steht, daß wir den Zehnten an Gott, d.h. an die Armenkasse abzugeben haben. Das sehe ich ein und bin auch bereit, mich so ziemlich daran zu halten. Wie sagt unser Rabbi immer: Wir müssen die Gesetze Gottes einhalten, sonst geht es mit unserem Volk ganz bergab. Doch was diese Superfrommen, diese Pharisäer, da tun und am liebsten von uns auch verlangen, geht denn doch zu weit. Soll ich etwa alles, mit dem ich handle, noch

einmal verzehnten, weil ich nicht weiß, ob der Hersteller oder der Bauer es verzehnt hat? Das kann keiner von mir verlangen. Ich finde es schon bewundernswert, wie sie sich mühen, in allem die Gebote einzuhalten, um so zu leben, wie Gott es will. Man kann es aber auch übertreiben mit seiner Frömmigkeit.
Manchmal glaube ich allerdings, einige Pharisäer erwarten das gar nicht von uns Normalsterblichen. So stehen sie doch als besonders gut und fromm da und können so richtig auf uns herabgucken. Neulich hat doch einer zu mir gesagt, er täte es auch für mich. Er wolle durch besonders fromme Leistungen auch die Verfehlungen des Volkes sühnen.
Ich habe nicht so viel Zeit, mich um diese Fragen zu kümmern; soll er's doch für mich tun. Er hat es schließlich auch viel leichter damit, weil er mit vielen Pharisäern zusammenlebt, die sich gegenseitig stützen und helfen. Wenn er – wie ich – immer als Reisender unterwegs wäre, sähe es für ihn vielleicht auch anders aus. Aber alle Pharisäer sind, glaube ich, nicht so eingebildet und überzeugt von sich wie er. Und wer weiß, wie Gott darüber denkt?

3. Fragenkatalog. Zur Methode vgl. S. 24

Praxis

Der Fragenkatalog wird in Kleingruppen bearbeitet und anschließend im Plenum ausgewertet.

Fragenkatalog zu Lukas 10, 9 - 14

1. Vers 9 sagt etwas über die Adressaten des Gleichnisses aus. Wer ist wohl gemeint?

2. Gliedern Sie das Gebet des Pharisäers und charakterisieren Sie die Teile.

3. Das Fasten wird vom Gesetz vorgeschrieben: Einmal im Jahr, am Versöhnungstag, ist Fasttag. Vergleichen Sie mit der Aussage des Pharisäers.

4. Sie haben in den Texten schon vom Zehnten gehört. Lesen Sie Deuteronomium 14,22f. Wovon wird der Zehnte in diesem Text verlangt? Vergleichen Sie mit den Worten des Pharisäers.

5. Zweierlei war typisch für die Gebetshaltung der Juden. Lesen Sie bitte Psalm 141,2; 1 Timotheus 2,8 und Markus 6,41. – Was wird über die Haltung des Zöllners gesagt?

6. Wie verhält sich der Pharisäer gegenüber Gott? Und wie der Zöllner? (Beachten Sie, wer jeweils das Subjekt in ihren Gebeten ist. – Denken Sie einmal an Ihre eigenen Gebete.)

7. Was bedeutet dann, daß Jesus den Zöllner für gerecht erklärt, den Pharisäer nicht?

8. Wir wissen, daß unser Bild vom Pharisäer oft sehr einseitig ist und wir ihm leicht Unrecht tun. Gerade diese Erzählung verleitet dazu. Um ihm gerechter zu werden, wollen wir das Gleichnis vom »Verlorenen Sohn« hinzuziehen. Lesen Sie Lukas 15, 11-32. Ziehen Sie Parallelen zwischen den Brüdern und Pharisäer und Zöllner. Ermöglicht Ihnen dies Gleichnis ein neues Verständnis für die beiden?

III. Phase

1. Pantomime/Tanz. Zur Methode vgl. S. 31

Praxis

L: Wir wollen uns jetzt wieder ganz auf dies Gleichnis beschränken. Pharisäer und Zöllner erscheinen in ihm als Typen bestimmter Haltungen gegenüber Gott und Mitmensch; wir haben sie uns bewußtgemacht. Jetzt wollen wir uns noch einmal körpersprachlich mit ihnen identifizieren.
Wir wollen uns dazu in Dreier- oder Vierergruppen zusammenfinden. Zwei sollen den Pharisäer und den Zöllner spielen, der/die andere(n) versuchen, mit einfachen Rhythmusinstrumenten das zu unterstützen, was die beiden als Pantomime darstellen. Diese sollen sich vor allem über die Körperhaltung in die Gefühle von Pharisäer und Zöllner hineinversetzen. Sie sollen sich auf den Weg zum Tempel machen; das Gebet, das sie zu sprechen gedenken, drückt sich in ihrem Gang aus. Zunächst kommt der Pharisäer, der Zöllner folgt ihm zögernd von fern. Dann stellen sich beide im Tempel auf. Der Pharisäer bringt durch seine Haltung und seine Gebärden – erinnern Sie sich an die jüdische Gebetshaltung – seine Einstellung zu Gott und zu dem Zöllner zum Ausdruck. Auch die Gedanken und Gefühle des Zöllners lassen sich in Körpersprache ausdrücken. Wir versuchen, uns ganz in die Rolle dessen zu versetzen, den wir darstellen. Vielleicht hilft es, wenn wir in Gedanken die Worte der Gleichnisperson sprechen, sie eventuell durch eigene Worte ergänzen. Danach wechseln wir uns ab, so daß jeder einmal den Pharisäer und den Zöllner darstellt. Sowohl in der Gruppe wie im Plenum sollten wir über unsere Erfahrungen bei der Pantomime sprechen.

2. Dialog schreiben. Zur Methode vgl. S. 26

Praxis

L: Wir haben uns durch die Pantomime in die Gefühle der beiden Gleichnispartner hineinversetzt. Auch über das Gleichnis vom »Verlorenen Sohn« haben wir versucht, beiden Gestalten näherzukommen. Und wir kennen Jesu Urteil über ihre Gebete. Jetzt sollten wir uns fragen, wen von den beiden wir in uns entdecken. Stehen wir vor Gott wie der Zöllner, der weiß, daß er sich aus der Gemeinde ausgeschlossen hat, daß er Gottes Gebote übertritt, daß er kaum hierher kommen darf? Stehen wir so da, die Hände leer, den Kopf gesenkt, niedergedrückt vom Bewußtsein unserer Unwürdigkeit, das Schuldbekenntnis auf den Lippen?
Vielleicht finden wir uns aber auch in der Gestalt des Pharisäers wieder. Oder haben wir diese stark überzeichnete Figur nicht an uns herankommen lassen? Sicher treten wir nicht so selbstbewußt, uns unserer guten Taten rühmend vor Gott hin. Aber meinen wir nicht doch, daß wir uns recht und schlecht bemühen, unser Leben gut zu führen? Und ist das nicht richtig und gottgefällig? Wo aber beginnt der Pharisäer in uns?
Wir müssen wohl auch zugeben, daß wir manchmal das Gefühl haben, der Zöllner mache es sich sehr einfach, wenn er sein Leben lebt, ohne nach Gottes Willen zu fragen, und dann hingeht und sagt: »Gott, sei mir Sünder gnädig.«
Wir wollen uns jetzt einmal bemühen, Zöllner und/oder Pharisäer in uns aufzuspüren. Sie sollen zu Wort kommen, mit ihnen wollen wir in einen Dialog eintreten, uns mit ihnen auseinandersetzen. Das macht jeder schriftlich für sich. Die Ergebnisse sind nicht für das Plenum bestimmt, allerdings sollten wir versuchen, über unsere Erfahrungen beim Schreiben dieses Dialogs zu sprechen.

Ich will heute dein Gast sein

Lukas 19, 1 - 10

1 Dann kam er nach Jericho und ging durch die Stadt. 2 Dort wohnte ein
Mann namens Zachäus; er war der oberste Zollpächter und war sehr
reich. 3 Er wollte gern sehen, wer dieser Jesus sei, doch die Menschen-
menge versperrte ihm die Sicht; denn er war klein. 4 Darum lief er
voraus und stieg auf einen Maulbeerfeigenbaum, um Jesus zu sehen, der
dort vorbeikommen mußte. 5 Als Jesus an die Stelle kam, schaute er
hinauf und sagte zu ihm: Zachäus, komm schnell herunter! Denn ich
muß heute in deinem Haus zu Gast sein. 6 Da stieg er schnell herunter
und nahm Jesus freudig bei sich auf. 7 Als die Leute das sahen, empörten
sie sich und sagten: Er ist bei einem Sünder eingekehrt. 8 Zachäus aber
wandte sich an den Herrn und sagte: Herr, die Hälfte meines Vermögens
will ich den Armen geben, und wenn ich von jemand zu viel gefordert
habe, gebe ich ihm das Vierfache zurück. 9 Da sagte Jesus zu ihm: Heute
ist diesem Haus das Heil geschenkt worden, weil auch dieser Mann ein
Sohn Abrahams ist. 10 Denn der Menschensohn ist gekommen, um zu
suchen und zu retten, was verloren ist.

I. Phase

1. Hören auf den Text. Zur Methode vgl. S. 18

Praxis

Der Text wird versweise reihum gelesen.

2. Titelspiel. Zur Methode vgl. S. 22

Praxis

L: Stellen Sie sich vor, unser Text sollte in einer Zeitung abgedruckt werden. Ihre Aufgabe wäre es, dazu einen passenden und attraktiven Titel zu finden, der anregt und dem Inhalt gerecht wird.
Ich habe für Sie eine Auswahl von Überschriften vorbereitet, die Sie nun bitte in Kleingruppen diskutieren und zensieren sollen. Überlegen Sie, welchen Titel Ihre Gruppe empfehlen möchte und begründen Sie im Plenum Ihren Vorschlag. – Falls Ihnen keiner zusagt, können Sie auch eine eigene Überschrift formulieren.

Titelvorschläge

Skandal! Wanderrabbi feiert mit Zöllnern und Sündern

Die Wiedergutmachung des Zöllners

Klein, aber oho!

Wer nicht wagt, der nicht gewinnt

Mut zur Lächerlichkeit

Dieser Mann kann nicht von Gott sein!

Ein Gauner macht sich lächerlich

Ist das die neue Welle aus Nazaret?

So macht man sich zum Kindergespött

Endlich zeigt dieser Jesus, zu wem er gehört

Solche Feste müßte man verbieten

II. Phase

1. Strukturale Analyse. Zur Methode vgl. S. 24

Hier wird aus der »Textwelt« der Zachäus-Erzählung die Dimension des »Raumes« in den Mittelpunkt der Beobachtung gestellt.

Praxis

L: In der Erzählung von Zachäus spielen Raumstrukturen eine relativ große Rolle. Wir erleben Zachäus an verschiedenen Orten, er legt einen Weg zurück. Wir wollen den Stationen seines Weges jetzt einmal nachgehen und uns dabei überlegen, welche Erfahrungen sich für ihn damit verknüpfen. Wir sehen die Räume also nicht nur als geographische Orte, sondern als biographische Größen.
Da ist zunächst das reiche Haus in Jericho. Wie ist er wohl dorthin gekommen? Stellen Sie sich sein Leben vor.
Wie sehen die weiteren Stationen seines Weges aus? Verfolgen Sie diese genau. Schreiben Sie auf ein Blatt jeweils ein Raumstichwort, dann verknüpfen Sie damit biographische Stationen und Erfahrungen.

2. Textatelier. Zur Methode vgl. S. 23f.

Praxis

L: Jesus kehrt in das Haus des Zachäus ein, um mit ihm ein Festmahl zu feiern. – Die Bibel berichtet immer wieder von gemeinsamem Mahl oder Fest.
Wir wollen uns einige dieser Beispiele genauer ansehen. Ich habe ein Blatt mit Bibelstellen und Fragen dazu vorbereitet und möchte Sie bitten, sich in Kleingruppen damit zu beschäftigen; das kann auch arbeitsteilig geschehen.

Arbeitsblatt – Textatelier: »Mahl/Fest«

Lesen Sie bitte die unten aufgeführten Bibelstellen und untersuchen Sie sie – soweit es sich aus ihnen entnehmen läßt – unter folgenden Fragestellungen:

1. In welchem Zusammenhang steht das Mahl/Fest?
2. Wer feiert es bzw. will es feiern?
3. Welche Bedeutung hat es hier a) für den Einladenden, b) für die Feiernden?
4. Wie wirkt es auf Außenstehende?

Texte

Exodus 24, 8b - 11
8b Mose... sagte: Das ist das Blut des Bundes, den der Herr aufgrund all dieser Worte mit euch geschlossen hat. 9 Danach stiegen Mose, Aaron, Nadab, Abihu und die siebzig von den Ältesten Israels hinauf, 10 und sie sahen den Gott Israels. Die Fläche unter seinen Füßen war wie mit Saphir ausgelegt

und glänzte hell wie der Himmel selbst. 11 Gott streckte nicht seine Hand gegen die Edlen der Israeliten aus; sie durften Gott sehen, und sie aßen und tranken.

Markus 2, 14 - 17
14 Als er weiterging, sah er Levi, den Sohn des Alphäus, am Zoll sitzen und
sagte zu ihm: Folge mir nach! Da stand Levi auf und folgte ihm. 15 Und als
Jesus in seinem Haus beim Essen war, aßen viele Zöllner und Sünder zusam-
men mit ihm und seinen Jüngern; denn es folgten ihm schon viele. 16 Als die
Schriftgelehrten, die zur Partei der Pharisäer gehörten, sahen, daß er mit
Zöllnern und Sündern aß, sagten sie zu seinen Jüngern: Wie kann er zusam-
men mit Zöllnern und Sündern essen? 17 Jesus hörte es und sagte zu ihnen:
Nicht die Gesunden brauchen den Arzt, sondern die Kranken. Ich bin gekom-
men, um die Sünder zu rufen, nicht die Gerechten.

Matthäus 14, 15 - 21
15 Als es Abend wurde, kamen die Jünger zu ihm und sagten: Der Ort ist
abgelegen, und es ist schon spät geworden. Schick doch die Menschen weg,
damit sie in die Dörfer gehen und sich etwas zu essen kaufen können. 16
Jesus antwortete: Sie brauchen nicht wegzugehen. Gebt ihr ihnen zu essen!
17 Sie sagten zu ihm: Wir haben nur fünf Brote und zwei Fische bei uns. 18
Darauf antwortete er: Bringt sie her! 19 Dann ordnete er an, die Leute sollten
sich ins Gras setzen. Und er nahm die fünf Brote und die zwei Fische, blickte
zum Himmel auf, sprach den Lobpreis, brach die Brote und gab sie den
Jüngern; die Jünger aber gaben sie den Leuten, 20 und alle aßen und wurden
satt. Als die Jünger die übriggebliebenen Brotstücke einsammelten, wurden
zwölf Körbe voll. 21 Es waren etwa fünftausend Männer, die an dem Mahl
teilnahmen, dazu noch Frauen und Kinder.

Lukas 14, 15 - 24
15 Als einer der Gäste das hörte, sagte er zu Jesus: Selig, wer im Reich
Gottes am Mahl teilnehmen darf. 16 Jesus sagte zu ihm: Ein Mann veranstal-
tete ein großes Festmahl und lud viele dazu ein. 17 Als das Fest beginnen
sollte, schickte er seinen Diener und ließ den Gästen, die er eingeladen hatte,
sagen: Kommt, es steht alles bereit! 18 Aber einer nach dem andern ließ sich
entschuldigen. Der erste ließ ihm sagen: Ich habe einen Acker gekauft und
muß jetzt gehen und ihn besichtigen. Bitte, entschuldige mich! 19 Ein anderer
sagte: Ich habe fünf Ochsengespanne gekauft und bin auf dem Weg, sie mir
genauer anzusehen. Bitte, entschuldige mich! 20 Wieder ein anderer sagte:
Ich habe geheiratet und kann deshalb nicht kommen. 21 Der Diener kehrte
zurück und berichtete alles seinem Herrn. Da wurde der Herr zornig und sagte
zu seinem Diener: Geh schnell auf die Straßen und Gassen der Stadt und hol
die Armen und die Krüppel, die Blinden und die Lahmen herbei. 22 Bald

darauf meldete der Diener: Herr, dein Auftrag ist ausgeführt; aber es ist immer noch Platz. 23 Da sagte der Herr zu dem Diener: Dann geh auf die Landstraßen und vor die Stadt hinaus und nötige die Leute zu kommen, damit mein Haus voll wird. 24 Das aber sage ich euch: Keiner von denen, die eingeladen waren, wird an meinem Mahl teilnehmen.

Markus 14, 22 - 24
22 Während des Mahls nahm er das Brot und sprach den Lobpreis; dann brach er das Brot, reichte es ihnen und sagte: Nehmt, das ist mein Leib. 23 Dann nahm er den Kelch, sprach das Dankgebet, reichte ihn den Jüngern, und sie tranken alle daraus. 24 Und er sagte zu ihnen: Das ist mein Blut, das Blut des Bundes, das für viele vergossen wird.

Lukas 24, 13 - 16. 28 - 31
13 Am gleichen Tag waren zwei von den Jüngern auf dem Weg in ein Dorf namens Emmaus, das sechzig Stadien von Jerusalem entfernt ist. 14 Sie sprachen miteinander über all das, was sich ereignet hatte. 15 Während sie redeten und ihre Gedanken austauschten, kam Jesus hinzu und ging mit ihnen. 16 Doch sie waren wie mit Blindheit geschlagen, so daß sie ihn nicht erkannten. 28 So erreichten sie das Dorf, zu dem sie unterwegs waren. Jesus tat, als wolle er weitergehen, 29 aber sie drängten ihn und sagten: Bleib doch bei uns; denn es wird bald Abend, der Tag hat sich schon geneigt. Da ging er mit hinein, um bei ihnen zu bleiben. 30 Und als er mit ihnen bei Tisch war, nahm er das Brot, sprach den Lobpreis, brach das Brot und gab es ihnen. 31 Da gingen ihnen die Augen auf, und sie erkannten ihn; dann sahen sie ihn nicht mehr.

3. Identifizierende Erschließung: Innerer Monolog. Zur Methode vgl. S. 24f.

Hier wird die dritte der vorgeschlagenen Möglichkeiten gewählt: das fingierte Selbstgespräch/der innere Monolog, und zwar in Form der beschriebenen Variante.

Praxis

L: Wir kehren jetzt zu Zachäus zurück. Wir haben die Stationen seines Weges vorhin bedacht, dabei sind auch schon Erfahrungen und Gefühle angeklungen. Nun wollen wir noch tiefer in sie einzudringen versuchen, indem wir uns mit Zachäus identifizieren, uns ganz in seine Lage versetzen und die Geschichte als Zachäus erleben.

Ich lese den Text noch einmal mit Unterbrechungen vor. Sprechen Sie in den Pausen in einer Art Selbstgespräch aus, was nach Ihrer Meinung in diesem Augenblick in Zachäus vorgeht. Welche Überlegungen stellt er an? Wie geht er mit sich zu Rate? – Wir können unsere Gedanken lose aneinanderreihen, uns befragen, widersprechen, wiederholen. Dabei werden sicher verschiedenartige Äußerungen zu hören sein, aber in jeder Person kommen ja normalerweise auch unterschiedliche Teilaspekte zu Wort. – Schließen Sie dabei Ihre eigenen Erfahrungen und Vorstellungen nicht aus, sondern bewußt mit ein. Benutzen Sie bei diesem Selbstgespräch die Ich-Form; wir alle sind jetzt Zachäus.

Lukas 19, 1 - 10 (mit den möglichen Unterbrechungen)

Dann kam Jesus nach Jericho und ging durch die Stadt. Dort wohnte ein Mann namens Zachäus; er war der oberste Zollpächter und war sehr reich. Er wollte sehen, wer dieser Jesus sei,

doch die Menschenmenge versperrte ihm die Sicht; denn er war klein.

Darum lief er voraus und stieg auf einen Maulbeerfeigenbaum, um Jesus zu sehen, der dort vorbeikommen mußte.

Als Jesus an die Stelle kam, schaute er hinauf und sagte zu ihm: Zachäus, komm schnell herunter!

Denn ich muß heute in deinem Haus zu Gast sein.

Da stieg er schnell herunter und nahm Jesus freudig bei sich auf.

Als die Leute das sahen, empörten sie sich und sagten: Er ist bei einem Sünder eingekehrt.

Zachäus aber wandte sich an den Herrn und sagte: Herr, die Hälfte meines Vermögens will ich den Armen geben, und wenn ich von jemand zuviel gefordert habe, gebe ich ihm das Vierfache zurück.

Da sagte Jesus zu ihm: Heute ist diesem Haus das Heil geschenkt worden, weil auch dieser Mann ein Sohn Abrahams ist. Denn der Menschensohn ist gekommen, um zu suchen und zu retten, was verloren ist.

III. Phase

1. Weiterspielen der Geschichte. Zur Methode vgl. S. 28

Praxis

L: Die Erzählung von Zachäus bricht ganz unvermittelt ab. Wir erfahren – wie bei so vielen biblischen Berichten – nicht, wie sein Leben weitergeht. Dabei würden wir alle sicher gerne wissen, wie sich die Begegnung mit Jesus bei Zachäus ausgewirkt hat. Aber etwas haben wir erfahren. Durch die Gemeinschaft mit Jesus ist bei Zachäus der Wunsch entstanden, wieder gutzumachen, was er getan hat. Deshalb hat er gesagt: Herr, die Hälfte meines Vermögens will ich den Armen geben, und wenn ich von jemand zu viel gefordert habe, gebe ich ihm das Vierfache zurück. – Wir wollen jetzt einmal unserer Phantasie freien Lauf lassen und uns vorstellen, was dabei geschehen könnte, und zwar wollen wir die Geschichte weiterspielen. Zwei Grundmöglichkeiten zum Spielen bieten sich an:

a) Zachäus will einem Armen Geld schenken.

b) Zachäus will zu Unrecht Gefordertes vierfach zurückgeben.

Das Spiel kann sich dabei zwischen zwei betroffenen Partnern entwickeln, ebenso kann eine Gruppenspiel daraus werden, wenn sich nämlich andere Personen in den Konflikt einmischen. Immer geht es um die Fragen: Wie begründet Zachäus sein Handeln und wie reagieren andere darauf?
Anschließend wollen wir uns unsere Ergebnisse vorspielen und darüber sprechen.

Als Alternative ist es möglich, eine der Ideen zur Weitererzählung der Geschichte zu benutzen.

Mit uns auf dem Weg…

Lukas 24, 13 - 35

13 Am gleichen Tag waren zwei von den Jüngern auf dem Weg in ein
Dorf namens Emmaus, das sechzig Stadien von Jerusalem entfernt ist.
14 Sie sprachen miteinander über all das, was sich ereignet hatte. 15
Während sie redeten und ihre Gedanken austauschten, kam Jesus hinzu
und ging mit ihnen. 16 Doch sie waren wie mit Blindheit geschlagen, so
daß sie ihn nicht erkannten. 17 Er fragte sie: Was sind das für Dinge,
über die ihr auf eurem Weg miteinander redet? Da blieben sie traurig
stehen, 18 und der eine von ihnen – er hieß Kleopas – antwortete ihm:
bist du so fremd in Jerusalem, daß du als einziger nicht weißt, was in
diesen Tagen dort geschehen ist? 19 Er fragte sie: Was denn? Sie ant-
worteten ihm: Das mit Jesus von Nazaret. Er war ein Prophet, mächtig
in Wort und Tat vor Gott und dem ganzen Volk. 20 Doch unsere Hohen-
priester und Führer haben ihn zum Tod verurteilen und ans Kreuz schla-
gen lassen. 21 Wir aber hatten gehofft, daß er der sei, der Israel erlösen
werde. Und dazu ist heute schon der dritte Tag, seitdem das alles gesche-
hen ist. 22 Aber nicht nur das: Auch einige Frauen aus unserem Kreis
haben uns in große Aufregung versetzt. Sie waren in der Frühe beim
Grab, 23 fanden aber seinen Leichnam nicht. Als sie zurückkamen,
erzählten sie, es seien ihnen Engel erschienen und hätten gesagt, er lebe.
24 Einige von uns gingen dann zum Grab und fanden alles so, wie die
Frauen gesagt hatten; ihn selbst aber sahen sie nicht.
25 Da sagte er zu ihnen: Begreift ihr denn nicht? Wie schwer fällt es
euch, alles zu glauben, was die Propheten gesagt haben. 26 Mußte nicht
der Messias all das erleiden, um so in seine Herrlichkeit zu gelangen?
27 Und er legte ihnen dar, ausgehend von Mose und allen Propheten,

was in der gesamten Schrift über ihn geschrieben steht. 28 So erreichten
sie das Dorf, zu dem sie unterwegs waren. Jesus tat, als wolle er weiter-
gehen, 29 aber sie drängten ihn und sagten: Bleib doch bei uns; denn es
wird bald Abend, der Tag hat sich schon geneigt. Da ging er mit hinein,
um bei ihnen zu bleiben. 30 Und als er mit ihnen bei Tisch war, nahm er
das Brot, sprach den Lobpreis, brach das Brot und gab es ihnen. 31 Da
gingen ihnen die Augen auf, und sie erkannten ihn; dann sahen sie ihn
nicht mehr. 32 Und sie sagten zueinander: Brannte uns nicht das Herz in
der Brust, als er unterwegs mit uns redete und uns den Sinn der Schrift
erschloß? 33 Noch in derselben Stunde brachen sie auf und kehrten nach
Jerusalem zurück, und sie fanden die Elf und die anderen Jünger ver-
sammelt. 34 Diese sagten: Der Herr ist wirklich auferstanden und ist
dem Simon erschienen. 35 Da erzählten auch sie, was sie unterwegs
erlebt und wie sie ihn erkannt hatten, als er das Brot brach.

I. Phase

1. Hören auf den Text. Zur Methode vgl. S. 18

Praxis

Der Bibeltext wird mit verteilten Rollen gelesen: Erzähler, Jesus, die Jünger.

2.Gelenkte Assoziationen. Zur Methode vgl. S. 19

Praxis

L: Im Bibeltext sind die beiden Jünger unterwegs. Sie sind unterwegs von Jerusalem nach Emmaus, unterwegs vom Passafest in – wahrscheinlich – ihr Heimatdorf, unterwegs von einer großen Hoffnung, die zur Enttäuschung wurde, in den Alltag – zunächst ohne Pläne und ohne Ziele.
Auch wir sind unterwegs in unserem Leben, immer wieder unterwegs. Nicht immer wie die Jünger hier, sondern in sehr unterschiedlichen Situationen, mit anderen Zielen, Hoffnungen oder auch Enttäuschungen.
Wir wollen jetzt Assoziationen zusammentragen zum Stichwort »unterwegssein«. An welche Situationen und Erfahrungen denken wir? Was für Gefühle,

Ängste oder Hoffnungen bringen wir damit in Verbindung? – Wir sollten die Assoziationen notieren und anschließend vielleicht versuchen, sie ein wenig zu gliedern und zu besprechen.

II. Phase

1. Strukturierung des Textes. Zur Methode vgl. S. 23

Praxis

L: Der Ablauf des Textes ist sehr kompakt, sowohl was die Handlung und die Gespräche als auch die Gefühle und Erfahrungen der Beteiligten betrifft. Wir wollen ihn deshalb in kleine Sinnschritte gliedern und für sie jeweils eine Überschrift formulieren.

2. Textatelier. Zur Methode vgl. S. 23f.

Praxis

L: Eine Kleingruppe beschäftigt sich – während die anderen den Fragenkatalog bearbeiten – mit einer Sonderaufgabe und bringt die Ergebnisse ins Plenum ein. Es geht dabei um die Verse 25 - 27. Ein Arbeitspapier für die Gruppe liegt bereit.

Arbeitspapier – Textatelier

In den Versen 25 - 27 versucht Jesus, den beiden Jüngern seinen Weg zu erklären. Es heißt dort, daß er ihnen die Schriften auslegt. Die Evangelisten nehmen immer wieder Bezug auf alttestamentliche Zitate.
Lesen Sie bitte folgende alttestamentlichen Texte, die Jesus anscheinend in der letzen Zeit seines Lebens beschäftigt haben:

Psalm 22 (vgl. Mk 15,34; Mt 27,46);
Psalm 110 (vgl. Lk 20,41 ff.);
Jesaja 53 (vgl. Lk 22,37);
Sacharja 13,7 ff. (vgl. Mt 26,31);
Sacharja 9,9 ff. und Jeremia 31,31 ff. (vgl. Mt 26,28).

Was sagt der Rückbezug auf diese Texte über das Verständnis von Jesu Weg?

3. Fragenkatalog. Zur Methode vgl. S. 24

Praxis

Bearbeitung des Fragenkatalogs in Kleingruppen und anschließender Austausch im Plenum.

Fragenkatalog zu Lukas 24, 23 - 35

1. In der wörtlichen Übersetzung heißt es: »Und siehe, zwei von ihnen waren an dem selben Tage auf dem Weg...« Damit schließt der Text unmittelbar an den vorangehenden an. Wer sind die zwei (vgl. die Verse 8-12.33)? Warum waren sie vermutlich in Jerusalem gewesen?

2. Versuchen Sie, sich die Gespräche der beiden (Vers 14) vorzustellen und in groben Zügen nachzuzeichnen.

3. Was wird über ihre erste Begegnung mit Jesus gesagt? Vergleichen Sie dazu andere Begegnungstexte aus der johanneischen Osterüberlieferung: 20,14; 20,20; 21,4. Was ist bei allen Treffen anscheinend typisch? Was könnte der Grund für Johannes sein, so zu schreiben?

4. Zwischen den dreien entwickelt sich ein Gespräch. Ehe bzw. während Jesus mit ihnen redet, geht er ein Stück ihres Weges mit ihnen. Was ermöglicht er ihnen, ehe er selbst das Wort nimmt?

5. Welche Punkte ihrer Rede lassen sich festhalten? Was haben sie erwartet? Welche Enttäuschungen haben sie von Menschen erlebt? Welche Enttäuschungen von Gott?

6. Warum hat sie anscheinend die Botschaft der Frauen nicht erreicht?

7. Wie argumentiert Jesus im Blick auf seinen Weg? Es heißt: Er legte ihnen die ganze Schrift aus. Bitten Sie die Kleingruppe, die sich mit dieser Frage beschäftigt hat, um Informationen.

8. Was erstaunt am Verhalten Jesu (Vers 30) in Emmaus? Wie wirkt es auf die Jünger?

9. Was sagt Vers 33 über die Begegnung und ihre Bedeutung für die Jünger aus?

10. In den Versen 32 und 35 taucht das Wort »unterwegs« auf. Welche Erfahrung haben die Jünger im Nachhinein im Blick auf ihren verzweifelten Weg gemacht?

III. Phase

1. Bildbetrachtung. Zur Methode vgl. S. 28f.

Praxis

L: Wir wollen uns jetzt mit dem Bild »Gang nach Emmaus« von Karl Schmidt-Rottluff befassen (vgl. Diastreifen am Ende des Buchs).
Zunächst schauen wir es ganz in Ruhe an und lassen es auf uns wirken. Dann wollen wir versuchen, es möglichst genau zu beschreiben und einige Erfahrungen und Entdeckungen mit dem Bild zu machen.

Karl Schmidt-Rottluff: »Gang nach Emmaus«
Anregungen zur Interpretation

Während und nach dem 1. Weltkrieg gestaltete Schmidt-Rottluff eine ganze Reihe von Holzschnitten mit biblischen Themen. Der »Gang nach Emmaus« entstand im letzten Kriegsjahr 1918.
Beim ersten Anschauen fallen sofort die Personen ins Auge, die den größten Teil des Bildes ausmachen. Drei Menschen sind unterwegs auf einer langen Straße. Ihre Kleidung ist ganz schwarz, wenig Einzelheiten sind zu erkennen.
Auffallend ist jedoch ihre Haltung. Vor allem die Gestalt ganz rechts zieht den Blick auf sich. Sie sieht völlig zerbrochen und hoffnungslos aus. Die Füße sind entstellt. Nur mühsam scheint sie sich vorwärtszuschleppen. Auch der Stock gibt keinen Halt mehr. Der Kopf ist geneigt, die Augen wie blind. Alles wirkt schlapp, krank, verkrampft.
Ähnlich wirkt der Mann links. Auch seine Schultern sind gebeugt, die Arme hängen herab. Die Hände sind hilflos geöffnet, als sei ihm alles herausgeschlagen, was ihm wichtig war.
Nur sein Kopf scheint sich schon ein wenig lauschend zu heben, und der Fuß schiebt sich tastend auf das neue Wegstück.
Es sieht jedoch so aus, als nähmen die beiden rechts und links die Gestalt in der Mitte gar nicht wahr.
Sie geht aufrecht zwischen ihnen, den Blick direkt auf den Betrachter gerichtet. Die Augen wirken sehr groß, sie sind unterschiedlich, eines dunkel, das andere hell. Auffallend ist die Geste der linken Hand, gebietend, beruhigend, tröstend.
Hinter den drei Menschen öffnet sich, vor allem auf der rechten Seite des Bildes, eine recht bizarre Landschaft, die unwirklich und leblos, fast bedrohlich erscheint. Der weiße Weg, auf dem die drei gehen, verliert sich im Hintergrund, so, als seien sie schon weit gegangen.

Ins Auge fällt eine schwarze Sonne, deren Strahlen über den Weg und vor allem auch über den einen Menschen reichen. Sie unterstreicht und vertieft – ebenso wie die tote Landschaft – die Hoffnungs- und Mutlosigkeit, die über der Szene liegt.
Über dem Kopf der mittleren Gestalt jedoch scheint eine helle Sonne zu stehen und Strahlen auszusenden.
Auch ohne den Titel des Bildes wird durch diesen Nimbus, ein traditionelles Zeichen christlicher Ikonographie, deutlich, daß Schmidt-Rottluff hier ein Christusbild geschnitten hat.
In der biblischen Erzählung heißt es, daß ein Fremder zu den beiden Jüngern trat und mit ihnen ging. Sie kamen voller Verzweiflung aus Jerusalem, wo sie das Leiden und Sterben Jesu miterlebt hatten. Ihr Weg war ein Weg der Hoffnungslosigkeit, fort von dem Ort, wo alles zerbrochen war, was für sie Leben bedeutet hatte. Wir sahen es an der toten Landschaft, an ihrer Haltung. Nur Trauer und Schwärze scheinen sie zu erreichen; sie fühlen sich verlassen, allein auf einem Weg ohne Ende, der nur begleitet wird von den Strahlen der schwarzen Sonne.
So nehmen sie den Fremden, der zu ihnen getreten ist, gar nicht richtig wahr; sie erkennen Jesus nicht in ihm. Sie merken nicht, daß er bereits mit ihnen auf dem Weg ist. Noch können sie seine Geste, die gleichzeitig Segen und Trost ausdrückt, nicht sehen. Aber er ist an ihrer Seite in diesen dunklen, verzweifelten Stunden, in denen das Weitergehen schwerfällt, ja fast unmöglich erscheint.
Ich denke, daß es nicht von ungefähr ist, daß der noch unerkannte Jesus den Betrachter so direkt anschaut und die Handbewegung aus dem Bild gleichsam auf ihn zukommt: Fürchtet euch nicht! Ich bin mit euch auf dem Weg.
Wir wissen auch, wie die Geschichte weiterging. Als die Jünger ihn schließlich erkannt hatten, kehrten sie unverzüglich wieder um an den Ort, von dem sie geflohen waren, denn sie wußten, daß er lebt und bei ihnen ist.

2. Gestalten: Malen. Zur Methode vgl. S. 30

Praxis

L: Wir haben die Jünger auf ihrem Weg von Jerusalem nach Emmaus – sowohl verbal wie im Bild – begleitet. Wir haben von ihren Erfahrungen gesprochen und auch von der neuen Hoffnung auf dem Rückweg.
Wir haben auch unser Unterwegssein schon angesprochen. Wir haben uns bewußtgemacht, daß wir alle Wege zu bewältigen haben, Wege in Gemeinschaft, Wege allein, schwierige Wege und Wege, die wir voll Hoffnung in Angriff nehmen. Unsere Geschichte – besonders in ihrer Gestaltung durch Schmidt-Rottluff – hat

uns verdeutlicht, daß wir diese Wege nicht allein gehen müssen, obwohl wir es manchmal meinen.
Jetzt möchte ich Sie bitten, sich Ihren augenblicklichen Weg oder einen, den Sie gehen sollten, zu vergegenwärtigen. Dann versuchen Sie bitte, ihn mit seinen Hoffnungen oder Enttäuschungen, mit seinen Ängsten, Schwierigkeiten oder Freuden mit Fingerfarben oder Kreiden zu gestalten. Jedem und jeder bleibt selbst überlassen, ob er oder sie das nur mit Farben und Formen ausdrücken oder konkreter werden will. Anchließend können wir, wenn Sie Lust haben, über die Erfahrungen reden, die wir beim Malen gemacht haben. Vielleicht mag der eine oder die andere auch über das eigene Bild sprechen. Es geht dabei in keiner Weise um irgendwelche künstlerischen Ergebnisse, sondern darum, daß wir uns als Menschen erfahren, die in irgendeiner Weise auf dem Weg sind und versuchen, sich über Farben und Formen mit diesem Weg auseinanderzusetzen.

Quellenverzeichnis

Texte

S. 62: Mit frdl. Genehmigung der RADIUS-Verlag GmbH Stuttgart entnommen aus: Psalm-Texte. Übertragen von Horst und Klaus Bannach. © RADIUS-Verlag GmbH, Stuttgart 1980

S. 64: Aus: Das Buch der Preisungen. Verdeutscht von Martin Buber. Verlag Lambert Schneider, Heidelberg 9. Aufl. 1982, S. 197 f.

S. 86: © Rudolf Otto Wiemer

S. 89: Aus: 111 Kinderlieder zur Bibel. Christophorus-Verlag, Freiburg, und Verlag Ernst Kaufmann, Lahr

S. 104: © Josef Osterwalder

S. 117: Ulla Kamps-Blass, in: Ulla Kamps-Blass/Eva Maria Ziebertz (Hg.), Wenn Frauen beten. Kösel-Verlag, München 1989, S. 93

S. 126: Max Kruse, Auch ein Weihnachtsabend. Aus: Hans-Joachim Gelberg (Hg.), Menschengeschichten. Drittes Jahrbuch der Kinderliteratur. Beltz Verlag, Weinheim und Basel 1975. Programm Beltz & Gelberg, Weinheim. Gulliver-Taschenbuch Bd. 100

Diastreifen

Dia 1: Maske: Foto Walter Paape

Dia 2: Frau und Kind: Foto Walter Paape

Dia 3: Jean Fautrier, Christus am Kreuz, 1945, 155,5 x 90 cm. Paris, Musée National d'Art Moderne. © VG Bild-Kunst, Bonn 1991

Dia 4: Rolf Händler, Überfahrt II, 1987, Öl auf Leinwand, 110 x 120 cm. Privatbesitz

Dia 5: Emil Nolde, So ihr nicht werdet wie die Kinder, 1929. Essen, Museum Folkwang. © Nolde-Stiftung Seebüll. Mit frdl. Genehmigung der Nolde-Stiftung Seebüll

Dia 6 : Karl Schmidt-Rottluff, Gang nach Emmaus, 1918, Holzschnitt. © VG Bild-Kunst, Bonn 1991

Biblische Texte verfremdet

Die erfolgreiche Reihe in 12 Bänden
Kösel-Verlag / Calwer Verlag
hrsg. von Sigrid Berg / Horst Klaus Berg

Band 1:
Grundsätze – Methoden – Arbeitsmöglichkeiten
136 Seiten. Mit zahlreichen Abbildungen. Kartoniert

Band 2:
Warten, daß er kommt
Advent und Weihnachten
96 Seiten. Mit zahlreichen Abbildungen. Kartoniert

Band 3:
Wer den Nächsten sieht, sieht Gott
Das Grundgebot der Liebe
96 Seiten. Mit zahlreichen Abbildungen. Kartoniert

Band 4:
Jesus
Anfragen und Bekenntnisse
96 Seiten. Mit zahlreichen Abbildungen. Kartoniert

Band 5:
Warum ich Gott so selten lobe
96 Seiten. Mit zahlreichen Abbildungen. Kartoniert

Band 6:
Frauen
96 Seiten. Mit zahlreichen Abbildungen. Kartoniert

Band 7:
...und alle wurden satt
Vom Brot und anderen Lebens-Mitteln
96 Seiten. Mit zahlreichen Abbildungen. Kartoniert

Band 8:
Bergpredigt
96 Seiten. Mit zahlreichen Abbildungen. Kartoniert

Band 9:
Und siehe, es war sehr gut
Schöpfung und Weltverantwortung
96 Seiten. Mit zahlreichen Abbildungen. Kartoniert

Band 10:
Wege nach Golgatha
96 Seiten. Mit zahlreichen Abbildungen. Kartoniert

Band 11:
Himmel auf Erden
Wunder und Gleichnisse
96 Seiten. Mit zahlreichen Abbildungen. Kartoniert

Band 12:
Auferstehung
Verwandlung ins Leben
96 Seiten. Mit zahlreichen Abbildungen. Kartoniert

Weitere Titel von Sigrid Berg im Kösel-Verlag / Calwer Verlag

Der Mann und die Frau und das Kind

Weihnachtsgeschichten
hrsg. von Sigrid Berg
160 Seiten. Gebunden

Neue und ungewohnte Erzählungen und Geschichten gehen verschiedene Wege zum Geheimnis der Weihnacht. Menschen werden gezeigt, die Ernst machen mit der Menschwerdung Gottes und des Menschen. Unvermutet werden so die biblibschen Texte vergegenwärtigt, wobei immer auch jene Zeitgenossen im Blick bleiben, denen der Zugang zur weihnachtlichen Botschaft verstellt ist.

Arbeitsbuch Weihnachten

Für Schule und Gemeinde
hrsg. von Sigrid Berg
340 Seiten. Gebunden

Sigrid Berg bietet gründliche Informationen zur Auslegung der biblischen Texte, zum theologischen Verständnis und zum didaktischen Ansatz. Das Buch enthält Unterrichtsplanungen mit Arbeitsblättern und Medien, Vorschläge zur Gottesdienstgestaltung und Einzelmaterialien. Zahlreiche Arbeitsblätter sind als Kopiervorlagen angelegt und unterstützen wirkungsvoll den Unterricht.

Thematische Aspekte sind unter anderem:

- die biblische Geschichte vergegenwärtigen
- Engel, Christkind und Nikolaus: weihnachtliche Gestalten
- Weihnachten sehen: Bilder der Kunst
- Weihnachten: Anstoß zur Menschlichkeit
- Voneinander lernen: Weihnachten in aller Welt.